U1013510

名家散文自选集

散文就是同亲人谈心

往昔皆为序曲

王泉根／著

民主与建设出版社
·北京·

读王泉根散文随笔记略（序）

谢　冕

北京是一座大城，地铁立交穿越在红墙与摩天楼之间，无尽的喧闹的缝隙里，偶尔也嵌入若干僻静的场所，这些场所，除了置身高楼丛中那些盆景似的公园，便是类似公园的那些浓荫覆盖的大学校园了。说北京有一个大的“学术气场”，此话不假。我揣摩，这些气场的核心应该是在大学校园。大学校园宛若一块块磁铁，吸引着来自全国乃至世界各地的向往者，他们在这里汇聚，汇聚碰撞出火花，从而构成了这座大城急匆匆的喧腾之外的静谧的风景——人们注意到，这就是所谓的北京的“学术气场”了。

上面的这番话，是由王泉根教授的新著引起的，他的书名就叫《北京的“学术气场”》，这本书的大部分篇幅都围绕着这个“场”展开。他写京城里各式各样的学术研讨会、写“黑五月”（大学流行的戏谑语）里一场又一场的论文答辩会、写教授们优雅的或杂乱的客厅、写忙碌的刊物编辑部，以及写茶聚、写书市，写文人们的温情的或随意的往来。他展示的是那些有异于官场、商场、或游艺场的别样的风景，篇页间散发着浅浅淡淡的书香墨韵，因为同是学界中人，活动的内容和场所大抵相近，王泉根所展示的这些场景都是我所熟悉的、所经历的，因此也是感到格外亲切的。王泉根就用这些笔墨来传达他对北京这一“气场”的深深的情感。他说：气场是一种氛围，一种精神，一种彼此激发、辩驳、切磋、对话、守望的平台与场景。它会让你想起你就是其中一分子，时刻提醒着你的身份与担当。

王泉根写的，不仅是我所经历的，更是我所想说的。我读他的文章，就像是我在北大校园的某一间客厅，某一座茶室，某一场饭局上所感受到的，也许这些就是我在燕园的林荫道旁偶遇老友，倚车晤谈而忘归的一个情景。我不把他的散文随笔当作一般的作品来读，在我，是因为他的言谈深得我心而有如对故人——尽管他比我年轻——的感觉。王泉根写过许多书，有关于儿童文学研究的，有关于中国姓氏研究的，也有关于文学艺术的论说的，那些著述，都凝聚着作为学者的专业性，体现他精深的学养，这本书与之相通，尽管他标明是散文随笔，但我却在这些原本长于抒情的文体中，依然看到了作为学者对于事物的观察与省思的特点。

他为这些文章融进了许多议论和辨析，从而在感性中融进了理性的成分。这造成了他的文章的一种特殊的魅力。他的这些观察与思考，总围绕着读书、写书、评书以及与书斋、课堂、讲席相关的场面而展开，言说总与文人生平逸事息息相关。这是文集中最耐人欣赏与回味的部分——尽管他的抒情文字，如“曹娥江的回忆”中的那些文字，也都饱含着温情与暖意，但相较而言，我似乎更喜欢他的这些与他现今的工作环境紧密联系的随笔，从隐秘的愿望说，特别看重他的文字中流露出来的“书斋趣味”，那些书面的和口头的逸闻趣事，那些咖啡厅和茶座上香气氤氲中的奇思异想，阅读在此时成了一场欢愉的精神盛宴。

他以他所生活、工作的校园为核心，写自己的所思所想，有的是他亲身闻见，有的是他阅读心得，有的则是场内场外的闲谈偶拾，纵横交错，终成美文。大抵总以校园、学界、文友、读书诸项为核心，就总体而言，一般都是围绕着一个“文”字而展开，这是他与众不同之处。他写了许多学界前辈的印象记，有的是他直接接触，是第一手印象，有的则是间接获得。文集中的许多前辈学人：冯友兰、郑逸梅、钱钟书、季羡林、王瑶、陈伯吹、吴宓等等，其中尤以写吴宓先生的居多，就我读到的至少已有五、六篇，可见他对吴先生的景仰之情。其中的《谁是中国最博雅的教授》一文，以众学者品茗清谈论学，以“公推”吴宓为“中国最博雅汇通的教授”为题旨。

王泉根的随笔，传达的不仅是情感，更有一种与学问相关的理念。推崇吴宓即是一例。他有感于今日学界与往哲之间的差距，引前人以为今人之鉴，这是他用意所在，前面举的关于吴宓的言谈即是。在论述中，他无意间发挥了他治学研究的习惯，综合归纳吴先生治学的若干特点，由此指明不同学者在“会通与专业”“志业与职业”“有我与无我”等方面表现出来的差距。他在标举吴宓治学的“有我”境界之后，历数当下一些学者治学“无我”的弊端，指出：“无我是一种自卑与失落。由于缺乏自信，对自己的言说不敢负责，因而无我者的笔下往往貌似惊人，实质满纸虚空：或堆砌术语，新名词新概念轰炸，借以张目（其实连他自己也没搞懂）；或拉出几位洋人，罗列若干伪注，借以唬人……”。他总是有所为而发。

由此可以看出王泉根的为文之道，他不事空谈，往往在看似碎笔闲墨中遥有所指，必以针砭时弊为旨归。他关心的是文脉的传承与发扬，或以古喻今，或发微杜渐，总是让人在轻松随意的谈论中，感受到为学、为文、为人的道理。当然，因为他“重理”，难免“轻情”，除了那些抒写曹娥江以及父亲等文字外，大抵也还是偏重学术和教育的凝重的话题，这些话题是我所感到兴趣和亲切的——因为我们都是同一业界中人，从事的职业相同，经常念想的也总是如此这般。但换位想象一般的读者，那感受也许会有不同，也许会因之感到隔膜和陌生。

不过，我要强调的是，对于像我这样的读者，我是非常的欣赏和喜悦的。那些熟悉的会场和课堂，那些熟悉的热烈的、冷静的、甚至是尖锐的交谈和驳难，还有那些香气氤氲的咖啡座，觥筹交加的诗酒酣畅，那些岁月中的聚会，那些无所不在的充满自由精神的宽广的“气场”，总是这般地令人难忘和神往。

2015年5月4日于北京大学中文系

王泉根：往昔皆为序曲

目录

第一辑 · 三十年前上大学

第二辑 · 读书在民间

第三辑 · 北京的“学术气场”

第四辑·探寻挪威峡湾

第一辑·三十年前上大学

那年那月的游戏

每每见到今天的小朋友，小小年纪就背着沉重的大书包，天刚亮就赶去上学，双休日、寒暑假还有上不完的补习班、培训班，一脸“辛酸苦辣”，心里不免深为怜悯同情，又不免情不自禁地回想起当年吾辈的儿时与读书，忍不住冒出一句：“这世道究竟怎么了？”

我是在浙东绍兴市上虞区曹娥江边的一个小镇、东汉哲学家王充的故乡——章镇出生长大的。在我儿时的学校生活中，除了读书，还有永远玩不完的游戏，最使童年欣然的是，大人与老师从来不会“横加干涉”。小时候的游戏完全是孩子们自己的天地，有一套孩子们自己的“游戏规则”，游戏方式随年岁增大逐步转变。

一　瞪大眼睛喂蚂蚁

那年代，几乎全中国的乡镇小朋友最初的游戏都玩过“喂蚂蚁”——往往是三五个小朋友一起，将打死的苍蝇摆放在蚂蚁进出的墙脚洞口，或蚂蚁经过的路上，待蚂蚁来搬运。先是有一只蚂蚁发现了收获，于是兴冲冲进洞去通报。过不多久，就有一只大头蚂蚁头带着众将官一个跟一个浩浩荡荡排着整齐的队伍开将过来，一到现场，拉的拉，推的推，场面分外热闹，将胜利成果搬运回去。临走前，常常会有三五只蚂蚁再在现场四周巡视一番，看有没有遗漏的收获。

我们有时故意在相距不远的地方再摆上一只苍蝇，于是侦察兵大喜，赶紧前去追赶队伍，那蚂蚁队伍立马兵分二路，一路继续搬运，另一路掉过头来随侦察兵急匆匆再去搬运新的成果。于是，我们一边瞪大眼睛看蚂蚁搬食，一边抑扬顿挫地唱着儿歌：“焦蝂蚁婆婆喂，剪刀薄刀带得来，草杠柴绳背得来，桥头有块精猪肉哇，拨侬驮驮起，拨侬扛扛起。”

全中国小朋友的游戏大致是相通的，以后我到重庆，问起弟弟们小时候的游戏，我的几位弟弟是在重庆出生长大的，弟弟们告诉我也有一样开心乐事是看蚂蚁搬食。不过重庆称蚂蚁为“蝗丝妈妈”，于是重庆小朋友唱的儿歌就变成了：“蝗丝蝗丝妈妈，请你家公家婆来吃腩腩，坐的坐着轿轿，骑的骑着马马。大的小的都要来，吹吹打打一起来……”

有意思的是，玩蚂蚁的游戏不但南方有，北方孩子也一样喜欢，不过玩法有点不同。我在《旧时儿戏》与《老儿戏》两书中都读到了玩蚂蚁的游戏，北方孩子的玩法是“圈蚂蚁”：“发现一只掉队的蚂蚁，走走停停，犹犹豫豫地寻找回家的路。几个小男孩围住它，准备给它开个玩笑，一个小男孩掏出樟脑丸，在它的四周画几个圈，犯了迷糊，可怜的小东西闻到那气味，晕晕乎乎，出不去了，原地打转，小孩子十分开心。”这时如果用火柴棍搭一个天桥，蚂蚁就会爬上天桥，逃出迷宫。

《旧时儿戏》文图并茂，以图为主体，绘画的是著名画家华川。这本书由天津古籍出版社1999年出版，介绍了218种北京、天津、河北一带儿童的游戏，我一直珍藏着。

小时候常玩的还有一种游戏是“杀猪”：搬来一条长板凳，让一个小朋友仰天躺在上面，算作是一条将杀的猪。于是众小友一一上去，一边将手比划着杀猪，一边口中念念有词：“GO，一刀，猪头杀落哉！GO，一刀，猪肚皮剖开哉！GO，一刀，猪腿砍断哉！”有时如果是小女孩当猪，那杀猪的场面就有点“变味”，有的坏小孩故意在小女孩的裤裆处杀几刀，狡猾地笑笑，说："GO，一刀，猪卵泡割落哉！"于是当猪的小女孩就不干了，跳起来边哭边骂。

再一种游戏叫"朝官巡美"。小玩伴四人，围坐地上，或围坐一桌，先在4张小纸片上各写"朝""官""巡""美"4字，揉成团，抛团落地，每人捡取一个，背着人展开纸团看字。

游戏规则是：如果捡到的是"巡"，他就要亮明身份："我是巡。""巡"就是巡警、侦探，他要很快侦破在座的另三位谁是"美"（美人），想好后，指认一人。猜对了，"巡"就赢了，猜错则输。这时由"官"宣判，罚打多少下手板心。执行者是"朝""朝"最实乐惠，权力最大，如"巡"猜对了，"朝"就打"美"，猜错了则打"巡"。执刑完毕，再抛纸团开始下一轮游戏。小玩伴之间当然不会真打手板心，只是高高举起轻轻放下，如果输的是小女孩，那更不会打了，只是用手指在她的手板心上扣痒痒。

再还有一种冬天玩的游戏，叫"轧污渣"。冬天天寒地冻，小朋友穿着棉衣棉裤，戴着棉帽手套，一个个像大胖子。当冬天的暖阳照在山墙上时，男女小朋友就挨着墙根挤在一起，分为左右两队，大家用力往中间挤，一边使劲挤，一边大声喊："嗨唷唷，轧污渣！"因为穿得臃肿，中间的小朋友很容易会被一个个挤出来，就像大便被挤了出来，所以叫“轧污渣”，绍兴方言粪便叫“污”。这一游戏的名字有点不雅，但小朋友玩得最开心，冬天大家贴着墙根，你挤我我挤你，抱团取暖，常常玩得额头冒汗，笑声不断。

还有，摸瞎盲（用手帕遮住眼睛摸人）、老鹰抓小鸡、在月光下种南瓜，捉迷藏……

以上这些游戏，大多是在幼儿时期及小学一二年级阶段玩的。

二 “踢脚班班”唱儿歌

幼儿与童年时期的游戏自然少不了儿歌童谣，当年那些伴我游戏、陪我成长的绍兴方言儿歌，至今依然鲜活生趣，难以忘怀。

最难忘的游戏儿歌叫《踢脚班班》。小朋友数人，排排坐在台门口的石阶上，伸出小脚，由一人当裁判来数脚。裁判蹲在这一排小脚前，用小手一只一只数小脚，一边数，大家一边唱儿歌：“踢脚班班，班过南山。南山荔枝，荔枝鳌羹。新官上任，旧官请出。”

当大家唱到最后一句，裁判正好数到那只脚时，那位小朋友就得把脚缩进去，如果有小朋友连中两次，把两只脚都缩进去了，他（她）就得站起来，“旧官请出”，他（她）就出列了，于是由出列的这位小朋友来当裁判，这样一边唱一边数下去，周而复始，一直玩到尽兴另换游戏。

大概在1982年，我读到周作人写于1914年的《儿歌之研究》，里面居然有《踢脚班班》，这是我第一次见到儿时故乡的游戏儿歌用文字表述出来，大有“如逢故人”之兴奋，可见这一游戏在绍兴一带是“古已有之”的了。

绍兴方言中有很多“土”得根本无法用现代汉语表达的读音，儿歌童谣中的音韵自然更难找到对应的文字。我之爱读鲁迅、周作人的作品，原因之一是可以经常找到绍兴方言的现代汉语表达。但周作人是绍兴城里人，与我们相隔绍兴五六十里的上虞小镇上吟唱的《踢脚班班》略有不同，周作人记的是：“铁脚班班，班过南山。南山里曲，里曲弯弯。新官上任，旧官请出。”

再后来我在胡兰成的《今生今世》一书里竟然也读到了《踢脚班班》。这位历史上有污点的胡兰成，出生于上虞章镇的胡村，胡村地处上虞、嵊县交界处，胡村的村民因分散居住在小河两边，有的小村落归上虞，也有的归嵊县。胡村距我们章镇只有十多里路，我在镇上读初中时，比我低一级的同学中就有来自胡村的胡兰娟、胡长林，他们与胡兰成是否亲戚本家就不得而知了。因胡村地属章镇，因而我更认可胡的《踢脚班班》，但胡所记与我儿时所唱也略有不同。胡记如下："踢脚班班，班过南山。南山扑碌，四龙环环。新官上任，旧官请出。"

作为民间口传文学的儿歌童谣，各地所传有所不同，这是很正常的，这是口传文学"变异性"的表现，更何况是小朋友的传唱。但章镇小朋友唱的"南山荔枝，荔枝鳌羹"中的"鳌羹"不知何意？我至今也不清楚。这只有用周作人的"儿歌观"来做解释了："盖儿歌重在音节，多随韵接合，义不相贯，……儿童闻之，但就一二名物，涉想成趣，自感愉悦，不求会通，童谣难解，多以此故。"

20世纪90年代初，上海文艺出版社曾出版过一套"民俗、民间文学影印资料丛书"，其中有一本《越谚》，我在1990年10月收到该社编辑林爱莲女士寄来的赠书，当时真可谓"如获至宝，大喜过望"！《越谚》由清末绍兴人范寅采风编撰而成，清光绪壬午（1882）谷应山房刊刻，上海版书末附有周作人的"跋"。

此书收录有不少从前绍兴地区的儿歌童谣，有许多都是我在儿时与小伙伴们玩唱过的。如拜月亮："看见月亮特特拜，拜到明年有世界。世界少，杀只雕。世界多，杀只老雄鹅。”又如取笑正在哭泣的小孩：“已会哭，已会嗽，两只黄狗来抬轿。”但我们章镇小朋友唱的是：“已会哭，已会笑，两只黄狗来抬轿。抬到朱陵桥，扑煞跌了跤。”朱陵桥是我们章镇附近的一个小村庄，可见这首儿歌已很“章镇化”了。

流传最广最有名的是连锁调《一颗星》：“一颗星，隔灵灯。两颗星，加油明。油瓶漏，好炒豆。炒得三颗乌焦豆，拨隔壁姆嬷搽癞头。癞头臭，加乌豆。乌豆香，加辣姜。辣姜辣，加水獭。水獭尾巴长，加姨娘。姨娘耳朵聋，加裁缝。裁缝手脚慢，加只雁。雁会飞，加只鸡。鸡会唬，加蛐蚁。蛐蚁会爬墙，囱得小老鼠它娘。”

关于这首连锁调，胡兰成的《今生今世》也有记录，但不完整。周作人在《知堂杂诗抄》中的“儿童杂事诗卷三”中，专有一首《歌谣一》讲一颗星：“夏夜星光特地明，儿歌啁哳剧堪听。爬墙蛐蚁寻常有，踏杀绵羊出事情。”诗下有注：“儿歌一颗星最通行，前后趁韵接续而成，绝无情理，而转换迅速，深惬童心。末曰，蛐蚁会爬墙，踏杀两只大绵羊。末句有各种异说，此为其雅驯者也。”周作人说得没有错。周毕竟是在绍兴城里长大的，这首《一颗星》的末句，在绍兴城里是踏杀绵羊，比起我们上虞乡镇的末句“囱得小老鼠它娘”自然要雅训多了。

关于《一颗星》还想多说两句。清代浙江钱塘人郑旭旦编纂的《天籁集》，收录有浙江儿歌46首。此书大约编成于清康熙初年，现存最早刊本为芝秀轩本，1862年许之叙刻于湖南，其中第二十一首即为《一颗星》："一颗星，挂油瓶。油瓶漏，炒黑豆。黑豆香，卖生姜。生姜辣，造宝塔。宝塔尖，戳破天。天哎天，地哎地，三拜城隍老土地。土地公公不吃荤，两个鸭子囫囵吞。"郑旭旦对此儿歌有如下评语："此篇随韵黏合，然无文理。然绝世奇文，有不必文理而妙绝千古者，此类是也。"

深涵着天籁妙音、童心天趣、浑然天成的儿歌童谣，实在是"妙绝千古"的奇文，而此类奇文用现代文体分类，往往划入"儿童文学"。然学界有鄙视儿童文学者，似乎只要一与"儿童"粘边，就是低与浅，根本不屑一顾。

但从绍兴出来的那一代文士，如鲁迅、周作人、夏丏尊、刘大白、陈鹤琴等等，似乎都对这类"低与浅"的儿歌童谣民间语文情有独钟，他们的文字尤其是散文，往往别具一格、自有风味，有一种特别的"绍兴味"，如同绍兴的黄酒梅干菜一样，非别地可以仿造。这大概就是古人说的"文以气为主"，这气首先是地气与文脉。

三　弄堂里的射纸箭

大概从小学三四年级起，我们游戏的主流起了变化：逐渐带有了“赌博”味道，赌博的特点是刺激。当时章镇街上小伙伴最流行的“赌博游戏”有三种：射纸箭，飞牌头，打弹子。

射纸箭既是比赛，又是赌博。纸箭通常用香烟壳折成，香烟壳的纸张不但光洁，有一定的硬度，而且折出来的都是彩箭，好看。纸箭折成长条的三角形，尖角顶端还要包上一层薄薄的铁皮，这样的“铁头箭”容易射得远。

我们镇上下沙弄的小伙伴玩射箭的场地就在我家门前的长弄堂，通常是三至五六个小伙伴一起玩。先在石板地面用木炭或粉笔划一条线，算是“黄线”，射箭时不能越出此线。然后一个个依此用力射箭，一人一枝。

射箭时，先要助跑，一边挥舞小胳臂，一边把箭头放在小嘴前，用力气使劲呵几下，以为这样就射得远，再用尽全力射将出去，射程大致有一二十米。射完箭后，大家赶紧跑到赛场的前头，寻找自己的箭，看谁的箭射得最远，确定第一名。第一名就赢得了“吃箭”的资格：站在纸箭落地处，将其纸箭丢到第二名的纸箭处用手一庹（丈量），如庹上，这支箭就归他了。然后再吃第二名、第三名的纸箭，直到“吃”光。如果丢箭时不注意，甩远了，小手庹不到两箭，那就失去了赢的资格，让给没有被吃掉箭的那一位。依次轮流。不过第一名丢箭时大都不会庹不到，因为小伙伴的射程通常差不多，纸箭都落在前后左右的近距离范围。

参加射箭游戏的都是男孩，因为射箭要有力气，要跑，要喊叫，而且还是一种赌博，很少有小女孩参加，她们大多是围在落箭处看热闹。射箭游戏是一种户外活动，通常是在春夏季晴天举行，暑假最热闹，往往从下午二三点钟开始，一直要玩到大人喊“吃夜饭哉。”

射纸箭给小伙伴带来无穷乐趣，又跑又跳又要赢箭，一个个玩得满头大汗，脸红身脏。但赢来的纸箭一般都不作保留，既然射不远，当然不是好箭了；而且因已被折成纸箭，原来的香烟纸壳被弄得皱巴巴，连香烟纸也成了废纸，还保留它干啥。射箭高兴的是过程，尤其是丢箭吃箭时的那一种胜利者的满足和得意。

四　永远玩不够的飞牌头

第二种游戏是飞牌头。所谓“牌头”，是一种软硬适度的纸块画片，我们绍兴一带都叫做“牌头”，或叫“纸牌”。

绍兴地区的牌头全是由上海厂家生产印刷的，在我儿时的心目中，那些花花绿绿的牌头实在是无价之宝，多少梦想多少幸福的感觉多少满足与期盼都在那一张张小小的牌头上。

一整版牌头大概有一整版的报纸那样大小，每一整张牌头就是一个完整的故事，正面是画，背面是简短的文字说明，如西游记、三国故事等，或是系统的知识介绍，印象最深的有各种杂技表演、兵舰类型、京剧脸谱等。一整张牌头有60小张，要自己用剪刀剪开，每一小张牌头大概有火柴盒那样大小，呈长方形。一分钱可以买8至10张小牌头。买卖牌头的旺季是在春节前后，那时候，放了寒假，小口袋里多少都会有一点剩余的压岁钱，压岁钱的大头通常交给大人，开学时补充学费，于是高兴地跑到小店铺去买牌头。

镇上牌头品种最多的是文具店，那是一家镇供销社开的大店，又买图书，又买办公用品与文具，但春节前后必定要从上海进货，向小朋友卖牌头。店里的营业员大概有三五人，干得最久、印象最深的店员叫陈涨潮，他能用一把锋利的弯刀，快速裁纸。文具店是全镇最大的文化用品商店，所以这里的牌头要整版买，不一分二分地零买。有时见到人家大人牵着孩子，去陈涨潮那里买牌头，一买就是三四版甚至十来版，那真叫人羡慕。请想一想，一整版牌头可以剪成将近一百张左右的小牌头，那是多么厚的一堆啊！

零卖牌头的通常是镇上的小摊贩，我们最常去的是下沙弄买炒货（花生、瓜子、罗汉豆）的阿仁伯。阿仁伯的炒货店兼买牌头，一分二分钱都买，所以阿仁伯就成了小伙伴心目中掌握牌头的大老板。我们常常会跑去问，有没有新牌头？有时买了牌头，还再买三分、五分钱的罗汉豆。阿仁伯特别喜欢我们小孩子去光顾，他做的是绝对的小生意，每天靠一分、二分、一角、二角的经营谋生。阿仁伯似乎是一个孤老头，屋里总不见有其他人。

春节期间，倘若买来新牌头，尤其是大人一高兴，允许买一整版的新牌头，闻着牌头的油墨香——我现在还能体会到那种儿时闻到牌头的香味——看着印在上面花花绿绿的人物、花鸟，那实在是一种说不出的满足与陶醉，简直成了世上最幸福的人。我那时想象不出还有什么比拥有整版新牌头更大的幸福。

牌头的玩法主要有三种，都有赌博意味。第一种是“劈牌头”：参加赌牌头的小伙伴，一般是三四人，先用木炭或粉笔在平整的石板地面画一方框，然后由一人作“庄家”，把牌头平放在方框正中，牌头的画面朝上。其他的小伙伴就轮流将手中的牌头劈下去，借助牌头落地的那一股气流，使庄家的牌头翻过来，翻过来就赢，翻不过来就输；或者不断地将庄家的牌头劈出方框。如果劈下去不小心，自己的牌头盖在庄家牌头的上面，那也算输。这种方法虽好玩，但往往劈上半天也难分输赢，所以不够刺激，但适合口袋里牌头少，也即“赌资”少的时候玩。

第二种是“飞牌头”，二人或三五人一起玩。玩法是：将牌头贴在墙上，让其飞落于地，如果你落地的牌头靠近另一位已落地的牌头，就用手去庹，伸出右手，大拇指与无名指之间的距离为一庹，能庹上，那张牌头就归你，赢了。所以庹的时候要尽量伸长拇指、无名指，小伙伴往往用力去拉手指。但庹上了还不算赢，对方可以伏在地上用力吹气，倘若将他那张牌头从你的手指压力中吹走了，那牌头就不归你，不算赢。伏地吹气是飞牌头最好看的一景，为了设法吹走自己的牌头，小伙伴总是翘起屁股，侧着脑袋，腮帮贴着地面，用足全力，从不同角度“嘘嘘……”地吹，这样，每次飞牌头回来，小脸蛋总是脏兮兮的。

真正刺激的玩牌头叫“养鱼塘”，这是牌头的第三种也是最高级的玩法，条件是口袋里装的牌头要多，也即“赌资”要多，如果不多，还没“养完”，牌头就归对方所有了。这种玩法一般也是三五位小友一起玩，很少有二人玩的，二人玩不热闹，而且二人加在一起的牌头也不会太多。

“养鱼塘”的玩法是：大家依次将牌头贴在墙上，让牌头一张一张地往地面落，谁的牌头盖住了已落地的一张，于是地上所有的牌头全归他所有，赢了。落地的牌头要盖住地上的牌头很不容易，稍微有一点风，牌头就飞开了。往往大家一张一张地往地上落牌头，越来越多，就像池塘里的鱼越养越多，满地都是牌头了，还没有被盖上，小伙伴真是紧张极了。如果这时候谁的牌头飞完了，那就自认倒霉，退出养鱼的资格，站到一边去，看谁最后能赢……

只见墙上的牌头还在一张张地落地……哇，盖上了！终于有人将牌头盖上了！于是统吃，这一地的牌头统统归他所有。那股高兴劲甭提有多痛快了，一张张地捡拾胜利果实，这是多么大的一堆牌头啊！往往有几十张，时运好时可以有上百张。小口袋一下子被牌头装鼓了。这样的好时运，我也曾碰到过，那种得意、高兴，至今依然历历在目。

因为“养鱼塘”是“大赌”，实在刺激太大，因而心理变化也大，这样偶然也会出现意想不到的事：有人赌光了不服气，站在一边满脸通红，突然趁人不备，抢走地上的牌头就跑。

“抢牌头”当然是很让人看不起的行为，如果有人有“抢牌头”的记录，那就在大家心目中“上了黑名单”，以后就不跟他玩了。我们“养鱼塘”时最怕的是另一种“抢牌头”：大家玩得正上瘾，突然闯进来几个高年级的“坏学生”，如同野猪进菜园，抢走我们满地的牌头，还挥舞拳头，威吓我们，以大欺小，实在可恶。

大概读小学四年级时的一天午后，我们四五个男生聚在镇上“沈伯良照相馆”院子里“养鱼塘”，鱼塘已养了很多塘了——每赢一次算一塘——玩兴正浓，全然忘了上学。忽然听到沈伯良先生家的自鸣钟“当”地敲了一响，呀，下午1点了，于是我们捡起地上的牌头赶紧往学校跑。跑进校门，咦，奇怪，怎么还没上课？校园里正热闹着呢。原来，还不到下午1点。后来我们才知道，沈先生家的自鸣钟每半小时就会“当”地敲一响，我们听到的那一记响声是中午12点半。

飞牌头，养鱼塘，给我的儿时带来了无穷乐趣，有时做梦还在养鱼塘，老是梦见我的牌头落地，就是盖不住。心里那个急呀，真是难以形容。一觉醒来，常常感谢：幸亏是梦，要是真的，我口袋里的牌头可就输光了。

五　打弹子、冒子枪与扔铁片

随着年岁慢慢长大，到了小学五六年级，镇上流行起“打弹子”的游戏。所谓弹子就是圆溜溜的玻璃珠子，里面嵌着各种色彩不一的花芯，十分好看。在我们小伙伴眼里，黑弹子最好看，因不多见，所以显得高贵、典雅，有一种贵族气。口袋里装着一把弹子——少说也有七八颗，小手一摸，滚圆溜光，骨碌碌直转，感觉真是好极了。

“打弹子”的玩法是：以小伙伴四五人为最佳，找一块平地，用木炭或粉笔划好四方形或长方形的比赛场地，在场子中间挖一小洞，大家依次先要将弹子滚进小洞，只有进洞的弹子，才有资格吃掉未进洞的弹子。“吃”法是：你的弹子要打中对方的弹子，这就要比试“眼夫”——眼睛的工夫。

丢弹子时要掌握力度、射线，因而技术性很强，往往不易打中。打中多的人，我们就称赞他“眼夫好”。弹子比牌头贵多了，一整版60张牌头记得只要1毛钱，而一颗弹子往往要四五分钱。所以打弹子是儿时的“贵族化”游戏，一般小小孩不敢玩，玩不起，总是小学高年级或初中生在那里玩。

那时镇上的小伙伴还热衷于玩“冒子枪”，时间主要在寒假，特别是春节前后。“冒子枪”是镇上小摊贩从上海、杭州批发来的儿童玩具手枪，大概一角多钱一枝。这种玩具手枪用木头做成，据说高级的也有铁片制的，那很贵。冒子枪的关键是在枪眼里装上小粒火药，用扳机一扣，就“砰”地发响，还冒烟，但不会伤人。小粒火药叫“冒子”，固定在一张红色的薄纸片上，纸片呈长方形，整齐地嵌入固定好了，大概有二三十颗“冒子”，打枪时挖出一颗，装入枪眼。冒子纸是单独卖的，四五分钱一张。所以玩“冒子枪”都集中在春节，小伙伴化的是口袋里的压岁钱。于是，春节一到，镇上的街巷除了鞭炮声，还有孩子们手中砰砰啪啪的“冒子枪”声，好不热闹。我那时常想，是谁发明的“冒子枪”，让我们小孩子有这么好的游艺，真是了不起！

喜欢玩“冒子枪”的自然是男孩，除了玩得热闹，也有恶作剧用来吓人，偷偷躲在路边旮旯，见有女孩子过来，拔出“冒子枪”就打，女孩吓得哇哇大叫，男孩哄笑着一溜烟逃跑了。更有恶作剧的是见大人正蹲坐在茅坑上，用“冒子枪”在屁股后面开枪，大人这一惊吓可不得了，提起裤子就追，那些个捣蛋鬼自然早已跑得不见踪影。

从“冒子枪”得到启发，镇上有聪明的大同学发明了一种“线团炸弹”。所谓线团，就是妇女缝纫时用线的那个线团，线团是木制的，圆形，中间有凿空的圆孔。制作“线团炸弹”的核心材料是要找到一个真正的子弹头，说来似乎有点使人不信，五六十年代时，我们浙东小镇上很容易找到子弹头与子弹壳，小镇的采购商店回收的废品金属中就常有。子弹头不大不小正好装进线团中间的圆孔，或者说这个圆孔就是为我们制作“线团炸弹”事先准备好的。

当然制作过程有点复杂：先要在子弹头里面挖出空洞，再用烧红融化后的锡水（用锡皮牙膏皮烧制）浇灌进空洞，趁锡水还未完全凝固时，用小铁钉稳稳地在正中扎一个洞；这根小铁钉很重要，事先已选好，洞的深浅直接决定装火药的多少；然后用铁丝缠绕住线团，铁丝的中间则牢牢地缠住铁钉头部，能让铁钉的尖端插入锡孔前面。这关键的一步完成后，再在线团的另一端（尾部）插上五颜六色的雄鸡鸡毛，并要固定住，起平衡作用。一个“线团炸弹”现在就做成了。

炸弹要有火药，火药哪来？很容易，用小刀片削刮下火柴头，将黑色的火柴头碎屑装进子弹头锡孔，再用已稳固住的铁钉尖端插进锡孔。一切就绪，就使劲将“线团炸弹”往高空甩，越高越好。往上甩时，“线团炸弹”尾部的鸡毛就起了平衡作用，到了空中翻一个跟头，鸡毛在上，子弹头在下，落地的一瞬那，铁钉剧烈地撞进弹头锡孔，如同枪炮的撞针，立刻引爆锡孔里的火药，于是“砰”的一声，炸声大得吓人。所以为了达到撞击炸声的效果，一定要在石板地或水泥地面撞炸，泥土地不行；再是锡孔中的火柴头装得越多炸声越响。

那时候春节期间，能玩“线团炸弹”的是我们心目中了不起的“工程师”“工匠师傅”，只有小学五六年级与初中生才有资格，而且一定要心灵手巧。我当时实在羡慕，但自己又做不来，而且找不到好弹头——好弹头私底下要卖一二角钱。

时运来了，那一年我们搬家住到木行路，比我大两岁的邻居陈正平正是制作“线团炸弹”的好手，他的爸爸是中医师，妈妈是小学教师，他的理想是要当一名搞发明创造的“木匠师傅”。我们很快就成了好朋友，自然我很快就有了一个正平为我精心制造的“线团炸弹”，那年春节，我甭提玩得有多高兴了。正平以后真的成了远近闻名的巧木匠。70年代中期，他知道我要成家，还特意为我手工做了几件家具，其中五斗柜的四只脚是精工雕琢的“调羹脚”，这种手艺现在已经失传了。

我不知道“线团炸弹”是不是那时候我们小镇上少年们的发明？如今这一在我儿童时代眼里的伟大发明早已失传了，更谈不上申请专利。因而我的这篇记载，有可能是世界上唯一描写“线团炸弹”游戏的文字。

小学五六年级时，同学们之间忽然流行起另一种新的游戏，这是具有“赌博”意味的玩法：扔铁片。这游戏的时兴有点偶然。那些年，家乡曹娥江经常“涨大水”，有一年江堤决口，全镇被淹，洪水将镇上酿造厂堆积如山的酒甏菜坛冲了个稀巴烂。酿造厂就在我们小学校附近的谢忝，酿制绍兴黄酒、酱油、豆腐乳以及酱黄瓜等酱菜，在绍兴地区也很有名气。

洪水过后，酿造厂原本的酒坛堆场变成了响彻“叮叮当当”补坛声的工场，厂里请了许多从东关（竺可桢故乡）、谢塘（谢晋故乡）来的补坛师傅，我们放了学就去那里看热闹。只见师傅们先在破坛上用铁钻小心地凿上洞眼，再用扁平的长条铁钉联结破坛，这么叮叮当当一敲打，敷上涂料，破酒坛就修好了。我们经常去玩，就与师傅们混熟了，有时师傅就把补坛废弃的铁钉、铁片丢给我们玩。

我们最初也想学修坛补甏，但不太现实，口袋里装的铁片多了，干嘛用呢？忽然有人想到了“赌博”。于是三五人围在一起，在水泥地面划一框框，往框内扔铁片，看谁把庄家下赌的铁片一点点甩出框框，这铁片就归他。

扔铁片显然不过瘾，于是凡是金属块片都被大家拿来赌。班上有个高个子留级生，叫张伯明，有一天他居然拿来了铜片，这可把大家赌兴奋了，铜片多贵呀，镇上的采购商店标价一斤可卖好几元呢。张伯明不但有铜片，还有亮晶晶的螺丝帽、铁块，甚至有小半截钢管，他从哪弄来这么值钱的东西呢？经过侦察，我们终于掌握了机密：原来镇机械厂常在他家附近的河坎边倾倒车间金属垃圾，那里面准能刨出宝贝来。于是大家都去刨废铜烂铁，卖给采购商店，扔铁片的赌博游戏反而兴趣淡了。

六 赌沙蟹：一夜长大

大概从小学五六年级起，到初一，我们的游戏越来越向赌博方向发展了。当时镇上青少年最流行的赌博有两种：一是“赌沙蟹”，二是“盯角子”（硬币）。

赌沙蟹就是玩扑克牌，经常在一起玩的有张宝均表兄妹俩、阿宝、张正芬，还有下沙弄一些其他同龄人。最常用的玩法是“沙蟹”：同花、顺子、JQKA。赌资有二分、五分，过年时玩兴最浓，赌资长到一角、二角。

大概是读小学六年级时放寒假，我与阿南、张宝均几个同伙有好几个下午几乎天天都聚在宝均家里打牌。我的手气不错，有一天天快黑时，我赢了三元多钱，而输得最惨的是阿南，他将他老父提前预支给他的三元多压岁钱全都输光了。大人已在堂弄喊：“吃夜饭哉！奈格还勿回来？”快散场时，我看到阿南伤魂落魄的样子，很可怜他，就把我赢的钱还给了阿南，我担心他回去后被老父与后娘发现，挨打。阿南很奇怪地望着我，问：“侬勿要？”我点点头。于是他一把抓住钱放进了口袋。

第二天下午，我们继续在宝均家里赌沙蟹，没料到这一天我变了手气，大输，而阿南却大赢，我也把大人给我的三元多压岁钱输光了。天快黑了，大家站起来准备散场，我等着阿南将我输的钱还给我，于是满怀希望地望着他。没料到阿南拍拍屁股就想走，没有要还钱的意思。我急了，问阿南："我昨天把钱还你了，你今天也要把钱还我。"阿南很奇怪地望着我，半讽刺半凶巴巴地说："输了的钱怎么要还你？这是我赢的钱，归我所有。"说完他真的就走了，很得意的一副胜利者的姿态。

那一天，我好伤心，好害怕。怕的是被大人发现输掉了压岁钱，被班主任老师知道还要"吃马肉"（挨批评）；伤心的是，我把赢来的钱还给了人家，可人家却不还给我，我担心人家挨大人骂，人家怎么也不想想我呢？怎么可以这样不讲良心？好几个晚上我都睡不好觉，担心，害怕，悔恨，怨天尤人，什么都有。最后我终于想通了：从此以后再也不赌博了，再也不与阿南他们玩沙蟹了。

说到做到。真的，从那天以后，我再也没有玩过扑克，没有参加过任何形式的赌博游戏，一直到今天。

（2016.11.11）

曹娥江畔的少年

一

我是喝曹娥江水长大的。曹娥江可能大家不一定知道，但一定知道剡溪。唐代大诗人李白在《梦游天姥吟留别》中吟唱道："我欲因之梦吴越，一夜飞渡镜湖月。湖月照我影，送我至剡溪。"这剡溪就是曹娥江的上游，而且正好以我的故乡章镇为界：章镇以上为剡溪，以下为曹娥江。

我的故乡——浙江省上虞县（今为绍兴市上虞区）章镇就位于剡溪与曹娥江的交汇处，距绍兴30公里，距县城百官20公里。章镇背山面水，蓝色的曹娥江静静地从镇前流过，儿时我和小伙伴就在江里游泳，江边钓虾，江滩上摸黄蚬（一种可食的贝壳），打沙仗。曹娥江年年要发大水，乡亲们就在江边筑起了一条高高的防洪堤埂。于是这条堤埂又成了大家好玩的去处，尤其是夏天，临江乘风凉，草丛捉蟋蟀，围坐听故事.躺在竹席上数星星，编织了多少儿时的梦幻……

曹娥江不但是游钓之江，思源之江，还是一条文化之江，诗词之江。

曹娥江的江名是因纪念东汉少女曹娥投江救父的孝行而得名的，东晋大书法家王羲之曾为此写过《曹娥碑》，百官附近的曹娥（地名）至今尚存浙东名胜曹娥庙。记得小时候，奶奶每年要去曹娥庙宿山，给曹娥娘娘烧香。章镇产生过东汉哲学家王充这样的文化名人，江对岸的滨笕茶山筑有王充墓。江下游10里处的上浦东山，是指挥过“淝水之战”的东晋名相谢安的隐居地，成语“东山再起”的出典就产生于斯（当代著名电影导演、上虞人谢晋就是谢安的后裔）。李白、杜甫等唐代大诗人，曾沿曹娥江—剡溪访古探幽，留下了不少诗篇。

江上游距章镇5公里的嵊县（今改嵊州市）.是越剧的发源地。越剧在浙东又称“小歌班”“的笃班”，上虞人更爱看绍剧绍兴戏。这两个剧种演出的内容不同，所谓“绍兴戏打天下（武戏），小歌班讨老婆（文戏）”。离镇数十里的丰惠祝家庄，相传就是《梁山伯与祝英台》中祝英台的故乡，越剧《梁祝》的第一句唱词便是：“上虞县祝家庄玉渊潭畔，有一位祝英台才貌双全。”

我的故乡章镇原来是一方“人杰地灵”的土地。但所有这一切，都是在我远离故乡很多年、读了很多书以后才知道的。而在儿时，除了曹娥江带给我梦幻和暇想外，却有许多苦涩而难言的记忆。

二

还是母亲怀我的时候，父亲就远出谋生，离开了故乡，先到上海，以后又去了一座很远很远的城市。母亲在我两岁多的时候，去父亲那座城市探亲，后来找到了工作，就没有回来了。

从小，我与爷爷奶奶，还有一位病疾的叔叔生活在一起。爷爷原先在一家乡村杂货店做营业员，三年困难时期，一场大病差点夺去了爷爷的命。病好后，爷爷就退职回到镇上，帮助叔叔一起做生意。叔叔的小摊经营的是草鞋、笠帽、扫帚、扁担、竹篮等竹器制品，本小利微，依靠一分二分、一角两角赚钱，因而只有天天摆摊才能赚到一些钱。

从我懂事（会算账）起，每当星期天与寒暑假，我就去帮助叔叔管摊。小摊摆设在街边弄堂口。这条弄堂叫下沙弄，又叫文昌路，“文革”期间一度改名胜利路，我们的家就住在下沙弄。弄堂口上方有一骑马楼，叫文昌阁，里面供着一尊文昌菩萨。

夏天，弄堂口又遮阳又有穿堂凉风，避了暑热，下午生意清淡，正可以看书，所以我很乐意换叔叔管摊，好让他多休息一会。我就是在小学五六年级暑假管摊（每天下午）时，读完《水浒传》《西游记》等古典名著的，初中管摊时还读了《红岩》《青青之歌》《暴风骤雨》《晋阳秋》《野火春风斗古城》等现代小说。

需要补记一笔的是，我在小学五六年级时之所以能读到古代四大名著中的《水浒传》《西游记》，原因是那时我们搬家住到木行路，隔壁邻居有两家文化人：一位是虞南有名的“塘岙郎中”伤外科专家王士芹先生，擅治骨折、脱臼，晚年虽双目失明，依然求治者多，经常有坐着轿子的伤者被抬到我们院子里来。再一家是长我二岁的陈正平，他的父亲是外地公社卫生院的中医师，母亲是镇上小学的语文老师。

正平家里有许多我从未见过的藏书，还有我第一次知道的《新观察》《大众电影》等杂志。《水浒传》《西游记》《晋阳秋》等小说就是正平借给我的，《水浒传》上下两册还是硬壳封皮的精装本，这是我生平看完的第一部长篇，犹记得当时看完最后一页时，一种自豪的成就感油然而生。“塘岙郎中”

王士芹先生闭着双眼用双手就能将断臂断腿接上治好，使我十分新奇与敬佩，我时常向这位瞎眼爷爷提问题，曾一度梦想长大后也要当中医郎中。

父母亲在遥远城市的一家织布厂做工，在那里我还有四个弟弟，家庭生活的拮据可想而知——我一直要到20岁那年，才有机会第一次见到父母诸弟。我听弟弟说，母亲在厂里长年“三班倒”，又要操持家务.拖累了一身病，没有精力也没有更多的钱来为全家做好吃的，一家人经常熬一锅咸萝卜汤下饭。

爷爷奶奶叔叔，还有我，除了父亲每月寄来的一点汇款外，主要生活来源就是依靠叔叔摆小摊的收入。爷爷经常说，他们三人好比一只“三脚香炉”，缺一不可：叔叔摆摊，爷爷跑腿，奶奶做饭。但卖草鞋、竹篮又能有多少利润呢？更何况五六十年代市场管理十分严厉，自由买卖被视为“投机倒把”，屡遭打击。叔叔因为是病疾，所以才由镇上特许，发给营业执照，这在当时十分不易。

尽管这样，个体小贩在镇上实在是一种被人瞧不起的不光彩的行当，尤其是运动一来，更是低人三分。当我懂事后，我帮叔叔管摊最怕见到老师同学，好像自己做了什么亏心事。但不摆摊，我们又依靠什么生活呢？生活让小小年纪的我品尝到了个中的无奈与人世间的炎凉，也让我自然而然养成了勤俭节约、刻苦自励的习惯。

小镇是虞南地区的商贸中心，平时四邻八乡的农民来小镇赶集分为“闲日”与“市日”。“闲日”人不多生意清淡；“市日”客流济济，生意也好。最热闹的是一年春秋两次、有时是春夏秋三次的“物资交流大会”，这是由镇供销社举办的大型商贸交流活动，虞南各地，甚至邻县嵊县三界、绍兴等地的商家也会赶来摆摊设铺。同时，县里的越剧团、绍剧团也会来镇上演出。在我儿时的记忆中，这是除春节过年以外，小镇上最闹猛最开心的时候，自然也是叔叔竹器摊生意最好的时候。

物资交流大会的有一天，我们全家，爷爷奶奶叔叔，还有我与一位尚未出嫁的小姑母，都在为竹器摊忙碌，管摊、叫卖、送货、送饭，那天生意真是好。

记得是下午二三点，突然跑来了一位满脸汗珠与泪珠的农妇，她一到竹器摊，就慌乱地问我爷爷，有没有看到一个小布包？爷爷马上从竹摊里取出一个布包，问她是不是这个？那农妇打开布包，里面是一厚叠人民币，她数了数，扑通一下跪了下来；“谢谢救命菩萨啊！”并且抽出一张大钞，要送给爷爷。

原来，这个农妇家里刚卖掉了一头肥猪，拿着数十元的现钞，趁物资交流大会来给快过门的媳妇买布料衣服，上午还在我叔叔的摊上买了竹篮什么的，一时疏忽，将包装现钞的小布包遗落在了叔叔摊上。爷爷和叔叔无意间发现了这个布包，就将它放好，等待失主来取。

竹器摊周围一下子围满了看客，爷爷连忙把农妇扶了起来，说这东西是你遗忘的，自然要还给你，不用谢不用谢！

农妇说她赶集回去走到半路，这才猛然发现小布包不见了，一路小跑眼泪滴答赶到镇上，刚才已问了几家买过货的门店，都说没见到布包，要是现在再没有，她回去怎么向家里交待？那她只有上吊喝盐卤跳曹娥江了。要知道当时的几十元可是一笔巨款啊！

爷爷叔叔坚决不要她的大钞，那农妇在千恩万谢声中这才走了。爷爷说，君子爱财，取之有道，不是自己应得的东西，金子银子、一厘一毫也不能要。这句话深深地印在了我的脑海，终生难忘。

三

儿时，我从不乱花零用钱，而实际上口袋里也没有什么可供我花的钱。每年春节以后，我总把大人们给的压岁钱，分文不差全部交了学费。从小知道自强和节约的我从来不向大人要钱，哪怕看到再喜欢的东西。

我与班上小同学一样，也喜欢收藏五颜六色的香烟盒和火柴盒，什么大红鹰、旗鼓牌、全绿牌、雄狮牌收集了一大堆.

学校的数学课经常有计算题，要用到草稿纸。一天，我在上学路上呆呆地想，有没有不花钱的解决方法呢？这时，正好走在前面的一位大人随手丢弃了抽完香烟的空烟盒，于是就随手捡起了这个烟盒。当我拆开烟盒，望着烟盒背面洁白光滑的另一面，突然叫了一声：有了！小小的嘴角兴奋地翘了起来，灿烂的笑意溢满脸庞。

从此以后，我把地面上看到的所有干净香烟盒都捡了起来，回家后拆开，抚平，然后放在枕头下，几天以后，香烟纸就自然压得平平整整了。待积到一定厚度，就让奶奶用线把这些香烟纸盒缝起来，但这不是用于收藏，而是用来学习——一本二三十页的练习本就这样诞生了。

“香烟盒练习本”，这种别具一格的本子，这种街头拣来的练习本，我从小学五六年级一直用到初中毕业。请想想，这该捡拾多少香烟盒，又该多少次避免同学们异样的眼光和不无怪异的嘲笑呢？但我却坚持了下来。正是在这种坚持中，养成了我从小自强、自信的性格。

写出来不怕大家笑话，小时候我还捡过西瓜籽、樱桃核、桃子核，将它们洗净晒干，卖给中药铺。我还在清晨天不亮就出去，捡过多年的猪粪，积多了卖给生产队。小镇上居民与农民杂住，镇周边农民养的猪羊鸡鸭大多是散养，一大早散养猪就在外面觅食走动。每当我见到猪儿拱起后臀，就马上走过去用畚箕接住。当一泡直冒热气的猪粪落到畚箕里，心里别提有多高兴了，否则捡不到猪粪就白起早了。捡完猪粪，赶快回家，吃过早点，背起书包就往学校跑。

以后身体长高了，有力气挑担了，我就与小伙伴去镇后的姜山捡柴火、砍松枝。姜山是一座突凸地耸立在平原与曹娥江边的山丘，海拔只有一二百米，因形似生姜而得名。春天我们最爱爬姜山了，漫山遍坡的映山红（杜鹃花），松林中黄花欲开的松子，还有远处传来的角鸡鸣叫声。我与小伙伴躺在软绵绵的松针上，听着山风吹过的“呼呼”的松涛声，或者坐在树荫下，眺望山下层层排排的小镇屋宇、蓝色的曹娥江、江对岸的农田、村落、更远方的山峦天际线，儿时这一幕幕仿佛就在昨天。

我与邻里小伙伴还经常走一二十里路，到更远的山上去采拗松子、摘橡子。松子晒干了就是松花粉，年糕、汤圆在金黄色的松花粉里滚几下，可好吃了，有点像北京的“驴打滚”。橡子磨成粉也可以吃。

暑假最开心的事是去河汊池塘摸螺蛳河蚌，捉泥鳅黄鳝，自己也被太阳晒得成了黑泥鳅。摸螺蛳河蚌是在浅水河汊池塘，实际上不是用手去河塘底摸，而是用光脚板在水底探索，河蚌的大半埋在水底污泥里，一小半会露出来。脚板摸河蚌又刺激又有点危险，刺激的是当脚板心触碰到河蚌，怪痒痒的，这时候一弯腰就用手将河蚌从河底挖了出来，丢进系在腰际的用竹篾编成的克留里，甭提有多高兴了；有时候脚底下还会触摸到螃蟹甚至甲鱼，那真是喜出望外。危险的是不小心脚板划到了河底的碎碗片或碎玻璃，弄不好出血，还有在水里泡久了，会被蚂蟥与牛迟叮咬腿肚吸血。但在少儿时代，下河玩水还能捕鱼捉虾那是何等快活的事。

记得有一年暑假与一个高年级同学去河汊摸河蚌，我们泡在被烈日晒得有点发烫的水里，一边用脚板去触摸河底的河蚌，一边讲闲话，他忽然想到历史课上刚学过的《历代朝代歌》，就教给我背诵："夏商周，春秋战国秦两汉，三国两晋南北朝，隋唐和五代，宋元明又清。"那天，我不但摸到了一克留的河蚌，还背会了朝代歌，真是终生难忘。

记得大概"公社化"那一年春节前，镇上的公益社生产队，将养在小镇内河的水放干捕鱼，我们一大帮孩子跟在农民伯伯后面，踩着冰冷黑污的河泥，捡拾漏网的鲫鱼。那天我捡回了大大小小八九条鲫鱼，奶奶晚上又煎又烧，一家人大快朵颐，爷爷还夸奖了我一番，说我也会"赚钞票哉"。

小时候，我还学会了搓绳，甚至打草鞋，这是叔叔教会我的。

叔叔在弄堂口摆的竹器摊，所有竹制品都是从山区竹器匠人那里进的货，印象中这些师傅大多住在几十里外的嵊县里山，我们叫“里山人客”。竹器摊的“长销货”是箬壳草鞋。箬壳是笋子长成嫩竹后自动脱落下的竹叶，是用来搓绳索、做草鞋、包粽子的上佳材质。箬壳草鞋比用稻草编织的稻草草鞋韧性好耐穿耐磨，所以价格也贵。记得当时稻草草鞋一双只卖三分钱，而箬壳草鞋一双要卖七八分钱，有的做工精、品相好的甚至要卖到一角钱。

箬壳容易弄到，叔叔为了多赚钱，请人做了编织草鞋的工具，而且很快学会了自己做箬壳草鞋。晚上叔叔编草鞋，我坐在小板凳上，用箬壳丝搓绳，递给叔叔编草鞋用。奶奶在煤油灯下做针线活，爷爷在算一天摆摊的进账，或记一天开销的“家庭零用账”，晃动的灯光把人影大大地映在墙壁上。

以后我也学会了做草鞋，当我在《三国演义》连环画上看到刘备最早居然也卖过草鞋时，自然对草鞋心生好感，更何况它能帮我们多赚钱呢。我后来上山下乡到农村当“知青”，很自然地几乎天天穿着草鞋，两年下来，脚板磨成了很厚的皮，光脚踩在石碴上也没什么感觉。

由于做草鞋是个比较容易掌握的赚钱手艺活，不知从何时起，我们下沙弄一些心灵手巧的居民大妈，还有小姑娘，也做起了草鞋，到我叔叔竹器摊旁边摆着卖，争抢生意。经常有一位买草鞋的农民问价钿，就会有五六人围上去抢生意。这一幕成了小镇下沙弄口的“靓丽风景”，久而久之，大家都叫下沙弄口为“草鞋弄口”，老一代的章镇人至今记忆犹新。

四

我从小就爱书，五六十年代长大的孩子自然都十分迷恋当时流行的连环画。小镇的文具店出售少儿图书与连环画，营业员将新到的连环画放在玻璃柜里，封面朝上，封底（标有定价）在下。小小的我常常跑到文具店玻璃柜前，弯腰侧身勾下头去，透过玻璃板看连环画的定价，一毛五，二毛五……多么好的连环画，可我从来没有钱买。

一天，机会来了。按小镇的风俗，老人过世后的送葬队伍中，要有两个小孩子，擎着竹竿做的“骑龙幡”提前出发，走到半路，将竹竿折断丢在路上，就可以回来了。我和另一位小同学被找来扮演这样的角色。完事后，每人得到了五毛钱的辛苦费。

拿着这一大笔大人不知道、几乎是从天而降的巨款，我兴奋不已，立即跑到文具店去买连环画。那天，我终于有了生平第一次属于自己的书：那是新到的《西游记·通天河》和《吕梁英雄传》第一册这两本连环画。我兴奋地如获至宝，很快同学们都知道了我手上有新书可看，都来向我借，两本连环画就在小同学手上不断地传阅。

有一天，我和那位一起擎过“骑龙幡”同学发生了争吵，那位同学扬言要向大人“揭发”我拿到五毛钱不交给大人而是自己去买了书。这下可把我吓坏了，我赶紧向那位同学和好，还承诺他可以拥有这两本连环画的共同保管权，但千万不要告诉大人。当时的那种感觉，仿佛五毛钱是自己偷来的。

三年困难时期，吃饭成了问题，爷爷奶奶叔叔总是尽量让我先吃饱。后来粮食越来越少，不得不吃糠吃野菜甚至还吃过一种叫“乌糯”的树根。可这些东西吃了不易消化，上厕所成了大问题。爷爷经常去药店买一种叫“一轻松”的药，吃了有助于消化。

我永远难忘一天早晨，我已在厕所蹲了大半天，上课时间早已过了，但就是解不出来，又痛又急直想哭。忽然进来一位食堂炊事员，他是我同学的哥哥，满面红光，只见他三下五去二，马上解决问题就走了。当时，我真是十万分地羡慕他。我想如果作文题目是《我最希望的事》，我就会写我最希望自己当一名食堂炊事员。

后来，经济慢慢复苏了，政策放宽了，镇上的居民纷纷去镇边河滩荒山挖土种菜。我也和叔叔在姜山脚下挖了一块荒地，从南瓜、丝瓜、油菜、芥菜，到番茄、土豆、红薯，我们种的品种可真不少。

那时候的学校教育与课外读物（童书等），灌输给孩子们一要勤俭，二要热爱劳动。从小学到初中，每周必有半天二节课时间的劳动课，班委会除了班长、副班长、学习委员、文艺委员、体育委员，还有劳动委员。劳动委员的主要任务是根据班主任的布置，分派谁谁带锄头，谁谁带扫帚，谁谁带抹布、脸盆。最多的劳动是打扫校园、教室的环境卫生。我在读书时当的最多的是学习委员，也当过一届劳动委员。

因小镇周围都是农村生产队，每年学校还会在春秋两季放两次“农忙假”，一般是十天半个月，组织学生到生产队参加劳动，小同学一般是捡麦穗、干轻活，大同学会去摘茶叶、插稻秧。农忙假往往成了孩子们寻开心、找快活的机会，我们最喜欢的是放牛，可以骑在大水牛背上悠哉游哉地在田野里走来走去，当然那样的机会不多。

所以劳动对我来说从小就是一件很自然的事，或者是一种生活方式。下午放了学回家，我会很自然地背上锄头，有时还跳着粪桶，去自家的开荒地上劳动。看着那长得绿油油的油菜、芥菜，黄绿相杂的黄芽菜，或者一锄头从土里刨出来的一大串马铃薯（土豆）、红薯，心里那个美啊，比考了100分还高兴：这可是我的劳动果实，还可以补助拮据的家庭经济。

五

生活是一本无字的大书，它默默地启发着一个孩子的思悟。当我从这本大书中模模糊糊地读出了其中的内涵以后，我就加倍地珍惜学校的读书时光，如饥似渴地阅读课堂内外一切我能找到的有字的书。我把“少壮不努力，老大徒伤悲”作为座右铭，深深地铭刻在心间。

从小学三年级起，我读书已十分自觉，根本不用大人操心。老师讲的每门课我都喜欢，考试成绩总在班上名列前茅。但我最喜欢的还是语文课。我特别喜欢造句，尤其是老师在课堂上当场提问的造句方式。我觉得这种造句，既要有急智，也要有勇气，还能出点“风头”——只有这时，我才在班上“鹤立鸡群”“引人注目”。

有一次，老师在黑板上写了“似乎”二字，要同学们举手造句。我一眼看到坐在前面的一位同学刚剃了个光头，精光溜滑，皮色发青，于是立刻举手回答：“某某的新剃头皮似乎鸭蛋。”引起全班哄堂大笑。我还发明了一种以不变应万变的造句模式.即把要造句的词嵌在句子中间：“今天老师要我们造一个△△句子，我很快就做出来了。”当然这一“发明”很快被老师识破了，老师批评说：“这个句子从语法上看还是准确的，但实际上没有造句。”

因为爱好造句.自然也就喜欢作文。五年级时，我们年级分成了两个班。五（一）班是我，五（二）班是教导主任傅老师的儿子傅志刚，我们两人的作文经常被老师作为“范文”在课堂上朗读、评点。我记得我被朗读的作文有《难忘的暑假》《寒假的一天》《看电影〈革命家庭〉》《我的日记》《我们的家乡》《物资交流大会》等。这些作文本我一直保存着。但在七十年代初，因一时求职碰壁，心绪极端苦闷，有一次整理房间，将保存了多年的作文本、练习本连同中小学教科书，统统卖给了废品收购店。现在想来真是十二万分地痛惜——我再也找不到儿时读书可作纪念的东西了。

小时候常听镇上老人说，对两种人要特别尊重：一是先生（即教师），二是医生，先生教人读书向上，医生为人治病救命，都是了不起的人物。我从小就觉得老师了不起，什么都知道，因而课堂上总是专心致志听老师讲课。记得初一时，有一次班会要成绩好的同学介绍经验，我站起来只说了一句：“上课专心听讲。”还有一次开班会，兼教我们数学课的副校长主持班会，他叫全班三十多位同学，排着队，挨个参观我的书桌。当时是一人一张书桌，书桌有盖，里面空间很大，我把课本、课外书、作业本、钢笔盒等摆放得整整齐齐，每本课本都包着牛皮纸，服帖清爽没有翘角，封皮上用美术字写着书名。掀开书桌的盖板上，贴着用以自励的四个字“力求上进”……

难忘的游钓之地，难忘的童年时光，难忘的母校校园。儿时爱我疼我关心我的爷爷奶奶叔叔，如今已都不在人世了，每念及此，就黯然神伤。愿他们在曹娥江畔安息。虽然儿时的生活有着太多的苦涩，童年的梦幻残缺破碎，但正如朱自清所说：“飞去的梦因为飞去的缘故，一例是甜蜜蜜的，但又酸溜溜的。”

这飞去的童年梦，已成了我心路中一个永远珍藏的忆念：无论怎样的童年，只待人到中年蓦然回首，都是一样的甜蜜而可爱，因为人生没有第二个童年。

这飞去的童年梦，更是我人生道路上的一笔永远的馈赠：它让我很早就读到了人生的内涵，永远激励着我自强不息，把握生命。

（1997年6月16日，2017.5.17修改）

我们的“龙公龙婆”

浙江人讲虚岁，春节一到就年长一岁。父亲已八十有八，虚岁八十九岁。母亲虚岁也是八十九岁，但比父亲小几个月，因而以农历生肖计，父亲属龙，可谓“大龙”，母亲属蛇，蛇是“小龙”。按照“做九不做十”的民俗，春节我们围坐在父母身边，向龙公龙婆敬酒奉茶，分享蛋糕，庆贺二老九十大寿。

二老身体均好。春节回家，见父亲依然眼不花耳不聋，看报纸不用戴老花镜。母亲虽然满头银丝，但发长且密。母亲不无得意地说，过年前去理发铺做头发，理发师还夸她的满头长发呢。

酒过三巡，这酒是四弟自酿的葡萄酒；菜有五味，这菜是几位重庆的弟媳烹调的川菜浙菜。父亲已微醺，望着我们说：“眼看都快九十了，我要总结三条。”

“第一条，世上只有妈妈好，没有老汉也不妙。你们要永远记住母亲的伟大，当然记住老汉也好。”父亲说得很幽默，餐桌上一片笑声。这里要作点“翻译”：川渝方言称父亲为“老汉”，父母亲年轻时从浙江到重庆做工谋生、破石扎根已六十多年，虽然在家里依然满口绍兴方言，但也掺和了不少川渝方言，“老汉”即是其一。

“第二条，老四与媳妇待我们真是好，我们一个月只缴600元生活费，什么都包了，连电话费也不要我们缴。”父母亲退休后，一直与四弟一家住在一起，吃得好住得好，特别是关系融洽，俩老无忧无虑，心情愉快。家在重庆的二弟、三弟他们也不时过来问寒问暖。有重庆诸弟的悉心尽孝，这使在京、沪谋生的我和小弟十分宽慰，特别是我这个当大哥的更可以全身心对付自己的事业。因而当父亲的话音一落，我就举杯提议，大家一起向四弟、四弟媳敬酒。我的眼眶有点湿润，我们只是逢年过节回来看看父母，平时电话问候而已，而他们是一年365天，眼睛一睁，侍候到熄灯，有时夜里也要起来，多不容易啊！

“第三条，我们俩位可以说是‘三好老人’：福气好，运气好，身体好。”父亲总结得太好了，围桌而坐的儿孙们欢呼雀跃，频频向三好老人敬酒夹菜。

幸福是什么？幸福是一种感觉，一股暖流，一片气场。我们人人都沉浸在龙公龙婆这两棵大树荫庇下的幸福暖流和气场中。惟愿此时此刻、此情此景、此心此意定格而永恒。

虽然俩老身体均好，但“养身术”却不同：父亲乐观而母亲多虑，父亲好动而母亲爱静。父亲常说，他的养身术最重要的一条是养身先养心，养心的核心是心态平和。最能体现父亲心态平和的是：报喜不报忧，心里总想着好事、开心事，不想、不说不开心不顺心的事。每年辞旧迎新之际，父亲必要总结大家庭这一年的“十件大事（喜事）”，同时又向大家郑重预告新年将至的喜事。

父亲认真地统计了我们大家庭老老小小的出生年月与生肖，制作了一份《全家出生年月一览表》，交由四弟媳打印，春节分发给我们，每家保存一份。父亲说，想当年他与母亲来重庆破石扎根，只是两个人，如今四世同堂，共有24人，大家庭的人丁还会不断增多，这使父亲颇为得意：“儿孙才是最大的家产呵。”但只是统计生肖时父亲有点遗憾：现在的大家庭24人还未凑足十二生肖，父亲寄希望于第四代，以使十二生肖齐全。

父亲说，老大一家在北京，老小一家在上海，老二、老三、老四和俩老在重庆，中国京津沪渝四大直辖市，我们居住了三个，不容易啊，虽然重庆房价便宜，可北京上海的房价却是“吓煞人”。这次回家，见到父亲又在忙碌一件事：要我们每人提供到过哪些国家，他要统计出全家老小去过全世界哪些地方。

父亲的小书房里，四处张挂着与母亲去北京、上海、深圳、浙江老家旅游时的照片，孙辈的结婚照，曾孙辈的娃娃照……墙上还挂着不知从那个寺庙得来的劝善诗帖《不生气》。父亲虽然只读了三年小学，但他每天必记日记。如去参观游览，则先用笔记录在小纸片上，回来后再仔细整理。所记之细，连爬过多少级石梯也都一一数清记录。

父亲养身术的一大秘诀是长年坚持身体锻炼，每天必做一套自编的健身操，内容有：单腿站立，分别做“金鸡独立”；靠在门框前，撞后背、后腰；弯腰仰头敲后背脊。这套健身操他已坚持了二三十年。父亲最爱说：“我是饿了就吃，瞌睡来了就睡。”父亲外出随身带的书包里必定装有糕点、糖果，走路饿了就吃。每天必午休，晚上超过九点半必寝。因而春节团聚，我们常常与母亲聊天到深夜，而父亲最多坐到十点就呵欠连连，回房间去了。

父亲好动，每天必定要出去走走。老年人享受免票，乘公交、坐地铁、逛公园一概不用花钱。父亲通常是上午九十点钟出去，午饭前回来。有时外面看热闹过了午餐，就去小餐馆吃一碗担担面。但他最爱吃的是“豆花饭”，饭与菜全有了，还不到5元钱。这几年父亲腿脚有点不便，就在小区附近走走，四弟媳特地为他买了一根拐杖，但父亲很少使用，认为“有碍形象”，快奔九了，还不服老。

父亲爱上街购物，他的原则是“不买贵的，只买廉的”，但买回来的东西常常被母亲批评。四弟一再叫父亲出去不要买东西回来，但父亲总是左耳进右耳出。一来，他为自己在家无所事事吃闲饭心有不安，总想着要帮家里出点力；乃二，也是习惯使然，上街见到便宜货就手心痒痒，能省就省。殊不知，有时实在是好心帮倒忙。

如某日父亲买回来三块豆腐，摊主的卖法是买二块一元钱，买三块一元二角，父亲就动心了，买三块不就要节约三角钱吗？于是就买了回来。但家里平时人少，吃不完这么多，于是就浪费了一块豆腐。母亲给父亲算账，现在吃掉的二块豆腐每块要七角五分“高价”。父亲不服气，嘟囔道那一块豆腐吃了不就节省了三角钱。

《重庆晨报》每年九月初九举行重阳节敬老活动，报社登广告邀请75岁以上老人重阳这天去市郊游览，还管午餐，按报名先后，额满为止。听四弟说，晨报第一次搞重阳节活动时，父亲生怕报不上名，破天荒坐出租车赶去，这也是父亲唯一一次独自享受出租车。

重阳节敬老活动父亲已去过多次，有一次晨报记者采访了他，把他的照片登在报上。父亲兴奋异常，如同珍宝一样将剪报展示给我们看。更使父亲兴奋的是，还有一次晨报选中了父母亲为“金婚佳人”，在影楼免费为俩老拍了“婚纱照”，还送给他们一厚本精美影集。这本龙公龙婆的影集，自然成了父亲的珍藏，凡有人来，必喜滋滋地拿出来向大家显摆。自然，这更是我们全家人的珍藏，这才是真正的“传家宝”与“金不换”。

父亲与母亲一辈子在纺织行业做工谋生，早先在老振和染织厂，这是一家绍兴老板开的私企，里面有不少绍兴老乡。以后是重庆织布厂，这是当年重庆市最大的国营纺织厂，全盛时有三千多职工，厂里还出过“九大”工人党代表。

父母经历了重庆织布厂从20世纪50年代至90年代筹建、创业、发展、鼎盛、改革、兼并、破产、关门、卖光的全过程。俩老大半辈子都献给了织布厂，父亲在厂里做过车间主任、计划科科长，母亲几乎做过厂里所有纺织女工的工作，因而俩老对织布厂的热爱与挂念非常人能够想象。父亲退休后，还被重庆一家民营小厂聘用做了多年的生产厂长。

父亲凡事想得开，不自添烦恼。虽然当年退休工资很低，仅百余元，但总自言比厂里下岗工人好多了："比上不足，比下大大有余"。因而当后来退休金增加到2000多元时，就自称自己已是"中产阶层"了。

父亲与母亲从安家起，就一直被债务压得喘不过气。母亲常说，他们是借债把我们兄弟五人养大的。煮一锅咸萝卜汤下饭，这是弟弟们长久的记忆。其实，这些如同泰山压顶般的债务，加起来也就是三四百元之数，但在当时月工资仅三四十元的年代，对于一个上有老、下有小，靠"死工资"谋生的家庭来说，不抵是天文数字。这个沉重的包袱，一直要到后来四弟去西藏当兵、提干后寄钱回来，这才彻底轻松。

父亲常说他是"运气好"，因为只有长寿才能不断增加退休金，他说他和母亲是"活着就挣钱"，而人家打工的是"挣钱才活着"。

重庆织布厂与老振和染织厂是父母终生的牵挂，这既是他们养家衣食之来源，也是他们奉献社会之职场。两厂的退休老同事每月轮流做东聚会，最初父母亲每月有两次能与老同事相聚的机会，重温老厂的记忆与旧情，是老同事们永恒的话题。但每年春节我总会听父母亲说，老同事中谁谁又走了，聚会的人越来越少。以前几十人聚会，要过两年才轮到做东。后来十多人聚会，过了一年就要做东。再后来终于散伙，老同事只剩下几人，都走不动了。

父母亲在餐桌上老是念叨花卉园。花卉园位于重庆渝北区，是以前父母与老同事聚会去得最多的地方，那个公园场子大、空气好，更重要的是里面的小餐馆价廉食美。“价廉”一直是父母那一代人最关心的。想当年，俩老是靠借债度日，才把我们兄弟五人养大的，勤俭节约已成为他们生命的本能与习惯。

春节回家，与父母围桌品茗聊天，这是一年中最幸福最安然的时光。能为父母做九十大寿，分享寿庆蛋糕，这实在是人子之福。在父母面前，我们永远是孩子；有父母大人在上，我们永远是长不大的孩子。

茫茫人海中，父母亲实在是太普通、太平凡了。但他们平凡的人生经历与生存经验，包括“买三块豆腐”的节俭本能，早已融化在我们的血液中，凝聚起我们生命向上的动力……

（2017.2.12）

“1977级”高考日记

真正是光阴如箭，30年弹指一挥间！

30年前的1977年，我28岁，在重庆谋生，当时的重庆市归四川省管辖。我的身份是重庆铁路分局九龙坡机务段设备车间的一名机械钳工，学历初中，月薪38.60元，但同时是一位执着的文学“发烧友”（按当时的说法叫文学青年），已经在重庆的地方报刊发表过数篇小说、诗歌。

1977年国家恢复高考，我抓住这一次对于我来说绝对是转瞬即逝的机会，赶上末班车，成为当时参加1977、1978年高考的1160万名考生大军中的一员，而且十分侥幸地胜出，自此彻底改变了命运。30年弹指而过，今年是国家恢复高考制度30周年纪念。近日我偶然从书柜里找出30年前的高考日记与准考证，30年前的往事是如此清晰、强烈地震颤着我，真正是百感交集，浮想联翩。我愿把这些日记原封不动地公布出来，为时代留下一份“1977级”考生的绝对真实的纪录。

1977年10月20日　星期四　阴

今上班仍是维修车床溜板。下午4时全段职工大会，最近运转车间出了两件重大事故：一是珞璜撞车，造成车辆破损；二是14日702机车（蒸汽机车）担任202次客车（重庆—成都）的驾驶，机车后部挂有一辆公务车，中央政治局候补委员、省委第一书记赵紫阳乘车去成都。列车行至永川站，机车进站对水鹤加水，由于司机制动不当（刹车太猛），造成"危及中央首长安全的重大政治事件"，据说赵书记被撞成头部碰伤。今天的大会就是由肇事司机作检查，全段进行安全生产教育。

晚在九龙坡，去铁路俱乐部阅报，借书：《陆游集》《鲁迅研究资料》。十时半就寝。

1977年10月21日　星期五　阴

这几天上班都在维修日本C621车床。车床的毛病出在溜板，大家先是用刮刀铲刮溜板面、压板、床面，又铲刮溜板箱齿轮的轴承套，但还是不行，还是找不出原因。晚在九龙坡。

今天《重庆日报》登载了《教育部召开高等学校招生工作会议》的消息和《人民时报》社论《搞好大学招生是全国人民

的希望》。大学招生制度已有重大改革（大意如下）：1、凡20—25岁高中或高中毕业文化水平的任何男女青年均可报名应考；2是从应届高中毕业生中直接招收一部分优秀学生；3是统一招生，毕业后国家统一分配；4、招生原则实行德智体全面衡量，在德体相同的情况下，要把文化水平最优秀者选拔出来。实行自愿报名，统一考试（县、区），地、市初选，学校录取，省（市、自治区）批准的办法，不用单位推荐。另外：对实践经验比较丰富并钻研有成绩或确有专长的，年龄可放宽到30岁。婚否不限，要注意招收66、67届高中毕业生。今年高考在四季度进行，新生于明年二月底前入学。报名者可按个人爱好特长，按学校和学科类别，填写2—3个报考志愿。考试分文理两科，文科考：政治、语文、数学、史地；理科考：政治、语文、数学、理化，考外语的加试外语。“这样做，为的是广开才路，提高质量，早出人才，早做贡献，以适应国家建设的迫切需要。”

祖国在召唤，四个现代化的宏伟理想在召唤。可叹自己65年初中毕业就被剥夺了升学权利，这十二年历尽艰难坷坎。自己的青春已逝，学业已废。但我还是“老尼姑思凡心不死”，决心在这大好年代的大好机会中去“跃一跃龙门”——考文科。（记于晚9时半，靠在床上）

1977年11月6日　星期日　阴

决心去考大学。如果说过去这种信心不甚坚定，那么通过这次调资却是变得坚定了……

当前的困难：文科要考政、语、数、史地四门，其中的数学却是难关，初中毕业后忘的多，而高中的没沾过边；时间紧，估计在12月份就要考试。

怎么办？自信必须坚定，有勇气，有信心。但具体问题则须切实求得解决。复习的重点应当是语文与数学，语文一定要最好，数学力求及格就行。

这是当前一切的中心，一切应服从于这个中心，要紧紧抓住主要矛盾。时间问题（白天要上班）：每天晚上，星期天，及再设法挤时间。四妹（吾妻）支持我，她愿承担蕾儿（半岁）和全部家务事，星期天不再叫我做家务和抱小孩。

一个快近三十的青年人，他的宝贵的青春时期已被“四人帮”的捣乱所虚度。今日他决心去考大学，让祖国挑选，心中真是咸酸苦甜，百感交集。（星期天下午随笔）

1977年11月7日　星期一　阴

蕾儿近几日拉肚子，今晨我先到解放碑“儿童保健所”挂号，至8时，四妹抱蕾儿来看病。菜园坝火车站赶8：45的通勤车来九龙坡。上午和杨工长检修抓煤机，下午检修动轮车床：电机的齿轮箱错位，加以调整。

［复习的方案］时间太紧，白天上班，晚上在单位宿舍又不安静，星期天及平时回家有家务。时间，复习功课的时间从何而来？？？困难，矛盾，重重。

或许我的这种念头（想考大学）是属于“异想天开”一类吧。但，在心里，我的自信甚坚。

文科要考四门：政治，语文，数学，史地。分析一下情况，确定一下复习的方案。

A、政：十一大路线，揭批“四人帮”，马列主义基本知识，党的重大方针政策。

B、语：造句，文言文的翻译，评议一篇文章，作文二题：论说文——揭批“四人帮”，实现四化；记叙文——记大干社会主义的人或事。

C、数学：量力而行，只能把初中的复习完毕。

D、史地：近代史为主，历史上的重大事件。

1977年11月30日　星期三　晴

下午填写高考登记表。机务段在职职工报名的有6人，连家属留城子女一共约20人。登记表所填主要内容如下（备忘）：

报考志愿（省内外各3个）

省内：（1）四川大学·汉语言文学；（2）西南师范学院·中文；（3）四川师范学院·中文。省外：（1）复旦大学·新闻；（2）北京大学·图书馆；（3）武汉大学·文史。如上述志愿未录取，愿否服从分配？愿服从：文史。

虽已报名，但还须经街道招生办公室批准，发准考证，才能进入考场。需交报名费5角，2张免冠照片。如能准考，则在下月9、10两日就要考试。

1977年12月3日　星期六　晴

今给小组写年度工作总结。又，自习史地。

[冷缩的心]可能，我考大学的理想只是一场幻梦。我的面前有不少不利因素：一是年龄已超过二十五岁，虽不到三十，但已二十有八了。二是已婚。三是数学毕竟没有把握，可能不及格。四是文史也并不见得胸有成竹。我现在的打算是：语、政、史地力争能考最优，数学已没法了，复习已来不及了，高中部分更没指望——自己只读完了初中。我是“老尼姑思凡心

不死”。既然今天已有了高考的机会，一个有为的青年，岂能长坐呜呃？！冷缩的心，在春阳之下，沸腾吧。

1977年12月7日 星期三 雨

上班：架修库60吨油压机搬运，装车，厂修。

寄《重庆日报》小说《我的弟弟》。收市文学艺术组来信，附一入场券，重庆市文艺界批判“文艺黑线专政论”大会。时间：1977年12月10日上午8时半，地点：市文化宫礼堂。（但我在10日要参加高考，无法参加）

1977年12月8日 星期四 晴

准备高考。上午请假在宿舍自习数学。午后去杨家坪市80中领取准考证，熟悉考场。由机务段招生领导小组董庆生和黄桷坪街道革委会带队。九龙坡区的文科考场设在市80中，理科在市35中。等至3时，各单位考生到齐后，由考场负责人进行“考场纪律及考生注意事项”教育，然后发准考证。我在第十五考室，准考证号码是：渝文22936。考试时间：

9日上午：语文　　下午：数学

10日上午：政治　　下午：史地

同住职工宿舍的李某今回来。此人甚怪，一睡下即鼾声大作，其声既响又怪异，睡至半夜，又突然起床，少顷又卧，疑为癫狂。昨晚被其闹得一夜不得安宁，至1时还未能入睡。今头甚昏，睡眼惺忪。晚在九龙坡，明就考试了。

1977年12月9日　星期五　晴

全省大学文化考试今天开始。这是我第一次走进高考考场，也是“文化大革命”以后的第一次正规的考试。

上午9时至11时半考语文——

语文基础知识部分（30分）有：1、修改错别句和纠正病句共4题。2、区别修辞手法3题。3、默写毛主席诗词《蝶恋花·答李淑一》。4、解释二题：“学不可以已，青取之于蓝，而青于蓝。”“天若有情天亦老，人间正道是沧桑。”

作文（70分）：《人民日报》11月10日报道《一个青年矿工的变化》读后感。

下午考数学。

1977年12月10日　星期六　晴

今日考政治、文史。政治包括问答和名词解释，主要内容有：名词解释：科学社会主义，剩余价值，矛盾的主要方面，先验论。问答：1、感性认识怎样上升为理性认识。2、为什么农业是国民经济的基础。3、用两点论并结合实际谈谈红与专的关系。4、《毛选五卷》的主要思想。5、毛主席怎样论述走资派问题，“四人帮”怎样歪曲、篡改及其罪恶目的。

史地更简单，多是初中知识。主要内容有：

一、历史部分。填充题：毛主席关于人类历史的一段语录，关于鸦片战争以后中国社会性质的一段语录；我国古代四大发明；古代各朝代名称；清朝时我国疆域东北、西北之位置；三国吴派谁去台湾等。问答题：关于义和团运动的性质和意义；二次鸦片战争后，沙皇侵吞了我国哪些领土。

二、地理部分。填充题：我国四大海洋的名称、海岸线长度、沿海各主要岛屿；我国的土地面积，东西—南北、东北—西南走向的主要山脉。问答题：行星和恒星；地震震度和裂度；我国的气候特点及农民怎样利用气候发展生产；西亚的地理位置。

[考后]文科考场考生济济，既有三十挂零的老考生，也有

十六七岁的应届高中毕业生；既有参加工作多年的工人、教师、各界人士，也有为职业而苦恼的社会青年。下午考试毕，与九龙坡成都铁路局配件厂的何文朝同乘3路电车进城，谈及这次高考，我们一致认为：考题出得太不合理，或是没有道理，除数学外，语、政、史地只相当于以前初中考高中的水准。而不少考生都以为这次高考考生多，录取数量少，可能要考尖子，考题也会深，故都去钻了深的。恰恰相反，对浅的、常识一类的，一看就懂的知识，反而忽略了，致使临考时大大出乎意料。高考已经结束，我好像完成了一件任务，轻松了。

1977年12月11日　星期日　晴

[衡量、锻炼与教训]大学文化考试已经结束，我做梦也不会想到居然在离开学校十二年之后，又跨进考场，进行了一次紧张、严格的智力测验。做梦也不会想到的事，却成了现实。考得如何？能否录取？还是“名落孙山”？这些我都没有仔细去想。我只觉得完成了一项重要的任务——这是对自己一次很好的衡量与锻炼。我的心是踏实的，充满着喜悦。

这是对自己十二年来自学情况的一次衡量与总结。离开学校十二年了，我虽没有严格地坚持自学，但毕竟还是经常没有离开书本。因此，经常接触到的知识没有忘记，而没有接触的却几乎全部还给了老师。我对自己的估计是：在文史方面成绩应在良好；而数学则是希望及格。同时，也暴露了自己的弱点：基础知识掌握不牢固，吃的墨水毕竟太少。因此在语文考试中，出现了完全不应该出现的错误。如解释《劝学》一语：“学不可以已。”解释为“学习不能自满”，准确说应是“学习不可以停止，放松。”又如改错，将“志志不倦”改为“致致不倦”，改错不成，仍然是错。自己的自学情况到底如何呢？结论已很明确：文史是取得成绩的，但基础还不扎实；数学则是一个空白。

考试已经结束了，但教训却铭刻在我的心头。什么教训？一是办事犹豫；二是不抓主要矛盾。可以说（或许）将一个美好的未来失之交臂。从报上看到高考改革的消息后，当时虽已有参加考试的念头，但准备却不充分。担心自己年龄大，文化底（初中），而没有坚决考、力求考取的决心，因此几乎没有好好地复习过。快临近考试，还在动手写小说，抱着一种“看看试卷也是值得”“碰碰运气”的侥幸心理。进入考场，方才发现今年的试题竟是如此之简单，如果我能在考试前有一星期或两星期的复习，可以肯定，还将得到更多的分数。但时不再来，机不可失，今天想来，只能成为一件深感惋惜与懊悔之事记入我的日记本了。因此，凡事不干则已，干就一定要把它干好，切不可捏捏放放，三心二意。这个教训的确是宝贵的。

据说在一月上旬要检查身体，到时，如没有体检通知，则说明初选已被淘汰。白纸黑字，一清二楚，自己的试卷已经成为既成的事实了，只能看评卷结果如何了，只能看初选的方案如何了，只能寄希望于“伯乐”了。

1978年1月1日　星期日　雨

阴，有小雨。元旦节日加班，仍在动轮车床铲刮床身、刀架。晚在九龙坡，去铁路俱乐部阅报。

△考不上大学怎么办？今年是否还打算继续去报考？如有这个决心，则从现在起就应着手准备复习和自修了。估计1978年的高考在夏季6、7月份，据说还要增加一门英文。

△七七已过，七八已来，辞旧迎新，感慨多多。机不可失，时不我待，抓住当前，奋发努力。如何努力？模棱两可。何去何从，高考如何？夜半梦多理想多，又想写诗又想把小说做。清早猛听广播响，慌慌张张离被窝。一天工作多辛苦，那里还有时间、精力把文章做？呜呼，理想与现实，理想与吃饭，理想与上班，矛盾何其多。写到此，愁如织，乱如麻，理

不清这人生路……

1978年1月3日　星期二　阴

上午仍铲刮动轮车床刀架，已快完工。

中午听邹习新（这次同去参加高考的机务段工人）说，下面县里已有人来搞知青考生的政审，看来重庆市的考生初选也应在最近几天有消息。命运，我的命运将如何呢？（于中午12时半记）

[高考已有希望]下午和顾德川在检修给砂塔的砂管。约3时半，遇到党委干事董庆生（这次由他负责机务段招生事宜），问了情况，董告诉我以下消息：今天他去开招生会议，初选名额已定，机务段有两名，文科一名是我，理科一名是邹习新。职工子女考得都普遍差，年纪大的考得较好。现还要交党委讨论，征求群众意见。明天张榜公布初选名单，再以后是体检等等。

1978年1月4日　星期三　晴

上班，今检修汽室汽缸扩瓦机。

[高考初选公布]上午机务段招生领导小组公布高考初选情况（张贴），如下：

根据省招生委员会按照国务院和省革命委员会有关招生的政策、方法规定，确定下列考生参加体检，并征求群众意见。在政审、体检、征求群众意见的基础上，报请上级招生委员会，按照德智体全面衡量的原则，择优确定初选名单和审批录取。

文科：王泉根，编号22936。理科：邹习新，编号……体检时间另行通知。

机务段招生领导小组1月4日

董庆生今找我和邹习新，告诉这次初选的有关事宜：一、要写一份自我鉴定，相当于自传，写清政治历史、道德品质、劳动态度及表现、组织纪律性等。政审和基层党支部意见等均要在7日上交，故自我鉴定在明后日要交。二、体检。重庆全市统一规定体检时间在6—9日，我们在市第三工人医院（在李家坨），具体体检时间另行通知。体检时须带准考证及半身免冠照片一张，体检费用自理。

据悉，这次初选名额约占考生的1/7。九龙坡区有800多人。报考志愿是师范的，还须口试。

晚回家，告诉家里有关初选等事。三弟这次初选也已成功

（注：三弟当时在四川省蓬安县河舒区当知青），父亲下午打电话问了河舒区的知青带队干部，据告全区知青考大专确定体检的，只三弟一人。

1978年1月9日 星期一 晴

今去李家坨市第三工人医院进行高考体检。上午8：00通勤车到段后，和邹习新一起，从九渡口坐轮渡过长江，到三医院。交体检费1元，并登录体检表格，然后在工作人员带领下，参加各科体检。顺序是：外科，胸透，五官，内科，主检。检查的结果是：合格。体重为53公斤，视力左右双目均是1.5，其他检查均是正常，因为医生并没有多问什么，当把体检表送给主检医生时，主检只是看了一下，然后就通知："可以回去了。"而邹习新却叫他去做"肝功"。机务段专门派了一人负责体检带队，是一位姓刘的50多岁妇女。这次高考时她被抽调去黄桷坪街道招生办公室。

午饭后，2：00回机务段。给父母写一信。晚在九龙坡。

至此，有关这次高考，我应该做的事已全完成了（考试，写自我鉴定，体检）。我还是把这次高考忘却吧，因为，怎能知道，我的命运将如何呢？

1978年1月10日　星期二　晴

上午检修离心水泵，下午车间出黑板报，晚在九龙坡。

晚7：00，正在宿舍摘抄《普希金抒情诗二集》，配件厂的何文朝和张民昌来访。何昨日下午也去体检了。谈到这次高考，大家都有同感：我们已取得了“候选”资格，但现在却是度日如年，不知未来的命运将如何安排？何说：如果录取师范，去还是不去？西南师范学院是面向西南分配的，今后万一离开重庆，怎么办？探讨的结果，一致认为即使是录取师范也是一个读书机会，所谓“机不可失”。最后我们约定：如接到通知，就立刻互相告之，最好能在半路上相逢，一同录取，并一同录取在同一所大学，现在的理想就是四川大学。

1978年1月26日　星期四　晴

今同昨，仍在机务段工会写“学大庆规划”。收23日《重庆日报》样报两份，已刊出去年12月7日寄去的小说《我的弟弟》。晚在九龙坡，去铁路俱乐部阅报。

[三个人的梦]昨晚，我做了这样一个梦：高考结束后，我一直在等消息，忽然邮递员给我送来了一包资料，打开一看，

里面有书籍，还有自己的考试卷子。我连忙寻找通知书，但一无所有。我想肯定是没有考取，要不，为什么要把考试试卷给我退回来呢？梦中醒来尚心有余悸，暗自庆幸多亏是梦，假如是现实，那……早上上班，刚到小组，碰到管国荣，一见面，他就立刻告诉我，昨晚他做了一个很有趣的梦，说我已经考取了大学，但是是师范学院。当他兴冲冲地拿着录取通知书跑来告诉我时，恰好我在画画，而且画得很好。管很为我遗憾，说我应该考美术学院，不该考师范。我也说填错了志愿，但既然考取了，还是十分高兴，我说我要立即回家，去告诉家人。——这是第二个梦。

去食堂吃饭，遇到同去参加体检的邹习新。我问他："可有什么消息？"邹透过近视眼镜看着我，神秘地说："我已接到了通知书。""什么时候？""昨晚，在梦中。我考取了农学院，农业学大寨专业。""哈哈哈……"我们一齐大笑起来。

日有所思，夜有所梦。三个人居然做了三个同样题材的梦：都是关于高考的录取。我的梦是担心，白日里忧心忡忡，到晚上还是心有余悸。小管的梦是关心，关心我的考试能否录取，假如真的如他在梦中所讲一样，那么朝夕相处的同事就要很快分手了。邹眼镜的梦是寻开心，听了他的梦，我们立刻齐

声大笑：哈哈哈……（于夜10：50）

1978年2月2日　星期四　晴

上班，仍搞磨床防护罩。晚在九龙坡，去铁路俱乐部阅报刊。回宿舍后，摘抄现代作家人物传，至11时。

[高考录取已在进行]今天见到2月1日的《四川日报》一条消息（摘要如下）：在德智体全面衡量的原则下，四川省1977年大专院校新生录取工作已经开始。全省报考的考生有140多万人，其中大专考生有57万人，已有100多所高等学校前来招生。每所大学的新生录取工作一结束，将立即发出录取通知书，预计在二月底全部发完通知。中专在大专录取后进行，在三月底发完通知。

难熬的二月！从现在起到月底还有整整二十六天。这二十六天是决定我未来生活路线的重要时刻，这是多么难熬的日子……

体检已数日，回来等消息。一日复一日，通知无影迹。朝盼月复东，夜长愁梦杂。唇干茶无味，腹饥不思食。我急钟不急，滴答滴答滴。度日如度年，船头骑马急。晨起撕日历，奈何只一页。时光过得慢，老天太吝啬。

1978年2月16日　星期四　晴

上班：折、搬锻工房气锤。下午4时车间技术学习班开学典礼。晚在九龙坡，去配件厂，何文朝不在，病假回家。据张民昌说，何因未接到大专录取通知书而惶惶不安。

1978年2月21日　星期二　晴

因停电，与星期日调休，故今未上班，在九龙坡。感冒，去铁路医院开中药。中午三弟来九龙坡，下午为了解高考录取事，同去电力校九外婆家，4时回来。

据九外婆说，省属大专院校于15、16日去省招办录取新生，大概在月底基本发完通知。中专录取要在下月中旬进行。据说，今年的招生工作做得相当周密，考生的政审按“绝密”“机密”“一般”（即可以进入“绝密”类学校、专业）分类。体检按“受限”“不受限”分类。最终是看分数，将考试总分划分为几类，然后由不同的学校挑选。……

1978年2月28日　星期二　晴

在家，感冒渐愈。上午和四妹抱蕾儿去五里店看医生。

蕾儿近因气喘，常咳，又见消瘦。五里店门诊室为公社卫生院所办，仅4人：一挂号，一看病，一发药，一打针。医生是一位老者，专长儿科，故求诊者甚多。经诊断蕾儿是气喘，肺无异。回江北城，复去红卫医院看中医。中午过嘉陵江，去解放碑抓中药，2时回。购《广东文艺》第1期。

下午和三弟讨论修改童话稿。据传，近日省内大专院校已发录取通知，江北城参加体检的30余名考生，已有十人在今天收到了录取通知书，其中有重庆师范学院等校。

1978年3月1日　星期三　晴

晨，通勤车来九龙坡。见邹习新，邹云：近日各校已发通知，其姐已被西南师范学院化学系录取。到机务段传达室，未见一信（！）看来，已经名落孙山：

名落孙山兮失之交臂

薄枝无依兮弱操不植

可惜可痛兮夙愿幻灭

愁思难裁兮独坐呜呃

（于上午10：20）

[接大学录取通知书——又一个生活的转折点]正当自己独坐鸣呃之时，不可思议的命运为我作好了安排：中午11点40分在机务段传达室收到了一封挂号信——西南师范学院寄来的录取通知书。

学生入学通知书NO：0000333

王泉根：经省（市、自治区）招生委员会批准，你入西南师范学院中文系学习，请持此通知书于3月13—15日前届时到学校报到。

四川省大学、中专招生委员会办公室

西南师范学院革命委员会（章）

一九七八年二月二十七日

西南师范学院新生入学注意事项

1、自带马列、毛主席著作和学习用书。

2、凡党、团员应带党、团组织关系（一律经所在县的党、团组织部门，分别转至重庆市的党、团组织部门）。

3、带上户口、粮、油及副食品关系。

4、自带生活用品，如蚊帐、被子等等。

5、自带讲义费5元。

6、报到时交脱帽正面半身一寸照片三张。

7、我院订于1978年3月16日正式开学，3月13日到15日为报到时间。在新生报到期间，我院在重庆火车站、北碚火车站、重庆红港码头、牛角沱汽车站、北碚汽车站等处设有接待站，并派汽车接运学员到校。

西南师范学院革命委员会1978年2月27日

——活着是多么幸福，因为我跨进了大学之门！（记于晚10：20）

1978年3月2日　星期四　晴

激动，喜悦，如梦。这就是我接到通知书后的心情。我怀疑了很久：难道这是真的吗？难道真是大学的录取通知书吗？恍恍惚惚，如在梦中。梦，渐渐醒了：这是真的，是在阳春三月发生的真实的事。于是我就开始忙碌起来，我要尽早做好入学的一切准备，尽快恢复多日的精神疲惫（差点崩溃），养精蓄锐，秣马厉兵，去投入人生一个更新的战役。新的路正等待着我……

昨天收通知书后，胡乱吃了一点中饭，就去配件厂找何文朝。何的通知书还未见踪影，心情之焦躁、愁闷、悲哀，真有“痛不欲生”之状。此时此刻，我觉得实在不该去问他情况，或者干脆我也没通知，倒还可以互相劝慰，惺惺相惜。何的心境，何的理想，我完全能理解，因为，与我前些时所想的一致：理想、爱好、工作三者应统一，人才能最大限度地发挥其聪明才智。临别我送给他一首普希金的诗："假如生活欺骗了你，不要心急，不要悲伤……"昨晚回家，全家人当然都是"皆大欢喜"。

今上午和三弟一起来九龙坡，到机务段已11时。忙于办理离职手续：去人事室唐永福干事处，领了一份《职工调离职清单》，按清单需到下列部门去办理应办的事：车间，财务室，材料室（交还工作服等劳保用品），工具室（交还工具），工会，总务室（交还职工宿舍钥匙），人事室（最后告别）。但忙了一个下午，只办好了两件事：一是去工具室交还了全部工具，二是在团委办了组织关系转移的介绍信。

晚在九龙坡，和三弟去铁路俱乐部看纪录影片《星火燎原——解放军50年史》。

1978年3月14日　星期二　晴

理想成为现实，这是多么幸运！

今日到西南师范学院报到，校址在重庆市北碚。上午10时轮渡，三弟送我过嘉陵江，刚爬上朝天门码头，学校派往这里迎新接待站的卡车已快要开了。仓促放上行李，10时半卡车始发。到牛角沱，又上来一批新生，卡车上行李、箱包堆得满满塞塞，人挤人。从城里到北碚车行约一个半小时，三月的风尚有丝丝寒意，但每个人的脸上都绽放着笑容，互相问询考取的是哪个系。大家都有相同的身份：西南师范学院1977级新生。1977级——这是特殊时代我们这一批大学生的共同符号。1977级——将永远镌刻在我们的心里。历史，为1977级翻开了新的一页……

（2007年3月13日）

三十年前上大学

小时候，每逢语文老师布置《暑假记趣》《难忘的寒假》一类作文，我总爱用“光阴如箭，日月如梭”作为开头。那时候，小小年纪的我，那有什么光阴如箭的生命体验，只不过爱用华丽词汇点缀作文而已，正所谓“少年不识愁滋味”“为赋新诗强说愁”。而如今，生命岁月坎坎坷坷风风雨雨已经走过了半个多世纪，蓦然回首，这才真真切切体味到了“光阴如箭”的生命穿透感。无忧无虑的童年时代早已存封进了梦乡，而似乎还是昨天的事——“77级”上大学，竟也过去了30年！

30年前的早春——1978年3月，我成为“文革”结束恢复高考制度后的第一批大学生，有幸跨入大学之门。回首30年前上大学，实在是酸甜苦辣，百味杂陈。

我出生于浙江上虞市章镇。小镇虽小，但出过好多位历史文化名人。一位是东汉哲学家王充，距小镇十数里的滨笕茶山上至今还保存着“王充墓”。再一位是南朝山水诗人谢灵运。

据我家乡一位中学历史老师数十年考察所得出的结论，谢灵运《山居赋》中所记始宁墅中的“北山别墅”，就在我们小镇的姜山东南。小镇古属始宁县，紧挨小镇有一个灵运村，该村村民几乎全姓谢。我小学时的同班同学中，就有好多位来自该村，印象最深的有谢惠菊、谢秀琴。

小镇前面的曹娥江，是以东汉孝女曹娥命名的。曹娥江下游曹娥庙里的曹娥碑，因东汉文学家蔡邕“黄绢幼妇，外孙齑臼”的隐语题词而闻名天下。曹娥江中游有东晋名相谢安的隐居地东山，成语“东山再起”即源出于此。曹娥江上游的剡溪，曾吸引过无数唐朝诗人，李白《梦游天姥吟留别》云：“我欲因之梦吴越，一夜飞渡镜湖月。湖月照我影，送我至剡溪。”

小镇距绍兴不到二小时的车程。和我外公家一个院子有一位老先生，1949年前当过小镇的小学校长，他曾是鲁迅先生的学生，毕业于鲁迅任校长时的绍兴师范学校。鲁迅先生晚年在上海居住时，家里雇有一位名叫“王阿花”的女佣，是海婴的第一个保姆，也是我们小镇人。有一天信手翻阅止庵作序的胡兰成《今生今世》，原来这位声名不佳的胡兰成的出生地“胡村”，就是距我们小镇一二十里的清潭乡胡村。我读初中时有一位叫胡长林的同学，来自该村，至于与胡兰成是不是亲戚，就不得而知了。

拉拉杂杂写了这么多，无非是要说明我的故乡应该是一个“人文渊薮”之地。但说来惭愧，故乡所有这一切与“人文”有关的事儿，都是我上了大学以后才弄清楚的。故乡所有的“人文”故事，似乎与我以前的岁月毫无意义。我的父母连小学都没有读完，在我所知的亲戚中没有人读过中学，二姨娘文化最高，但也只是县里的“简易师范”（小学毕业后上学）毕业。我的父母以及我所认识的亲戚，都是社会最底层的小小老百姓，一辈子都在为衣食为生存为子女而奔波而辛苦而犯愁，因而他们自然对王充、谢灵运、鲁迅毫无兴趣。

我小时候的最高理想，是进我们县里白马湖畔的春晖中学，那是一所夏丏尊、丰子恺、朱自清等现代文学名家任过教的完中，校园里还有李叔同的“晚晴山房”。但命运总是如此无奈，我只在家乡的章镇初级中学读到初中毕业，就被命运告知：我必须自谋生路，春晖中学成了终生难圆的梦！那一年我16岁，去了全县最高的覆卮山，插队落户当知青。以后上了大学，才从史书中查知，当年谢灵运与友人登过此山，在山顶七丈岩下棋饮酒，饮后将酒杯倒置，并作诗曰：“山高似杯，有肴无酒。”故得名覆卮山。再以后是当兵、当铁路工人。

我在铁路机务段做过多年蒸汽机车司炉与代务副司机，那可是难以想象的苦活儿！如今铁路线上奔驰的全是电力机车、内燃机车，蒸汽机车已进了博物馆。但20世纪70年代，我在上海铁路局杭州机务段与重庆铁路分局机务段工作时，蒸汽机车还是主力牵引机车。开火车，一辆机车三个班连轴转，一个班三个人：司机、副司机、司炉。司炉与副司机干的是一样的活：行车途中互相轮流为蒸汽机车铲煤烧水（热能转化为汽能，汽能转化为动能），再是协助司机瞭望线路、信号，以及保养机车。但这铲煤烧锅不是在平地，而是在高速行驶的列车上，是高温高速半高空作业；蒸汽机车的锅炉不是立式而是卧式，炉膛内空间很大，因而要在高速状态下烧好锅炉不是一件易事，需要根据机车牵引的吨位多少、线路是平直还是坡道、天气状况等加以调整。刚当火车司炉时，不要说铲煤，连站都站不稳。

俗话说："世上有三苦，撑船、打铁、磨豆腐。"而干火车司炉这一行，可谓集三苦于一身。撑船苦，苦在露天工作，风里来雨里去。开火车也一样，调度室一派班，无论天寒地冻、电闪雷鸣都得出去。由于蒸汽机车的工作台面是两侧开门，前面是卧式锅炉，后面是装煤装水的煤水柜，基本上是半露天的，因而行车途中自然处于风吹雨打、日晒雨淋的状态，有时途中遇到暴雨，汗水、雨水全身湿透。高温之下打铁苦，火车司炉更苦，胸前炉膛烈火烤，背后烈日晒，或是寒风吹。一趟火车跑下来，少说也要烧一二千斤的煤。冬天半夜上班，滴水成冰，而一干活就脱得只剩单衣；夏天炎暑流火，炉膛前大汗淋漓，厚厚的工作服湿了又干，干了又湿，久而久之出现了汗水凝成的白色盐花。但好在当时年轻，这些苦都能克服，一个月48斤定粮还不够吃。当时最怕的是跑夜车。磨豆腐之苦，无非苦在天不亮就要起来，而干开火车这一行，起早贪黑、通宵跑车是常事。如果机车交路紧张，特别是遇到“春运”，夜车更是连轴转，经常白天当晚上，晚上当白天。

有一次，我们已连续跑了三趟夜车，实在太困太累，我和师傅在车库做好机车加煤加水加油的准备后，机车驶向车站去挂车。星空下，我站在平台，用手去扶铁杆，想透口气。谁知双手扶了个空，一下掉了下去，又不巧掉进了车站的窨井，半身卡在井上，造成右部肋骨骨折，当晚送往铁路医院。幸好机车还未出发，如果是在风驰电掣的途中，那可就惨了……

尽管生存是如此艰难，命运是如此多舛，我在生活的最底层随人生潮汐四处漂泊，但无论是当知青，当士兵，还是当工人，只要一有空闲我就会找书去看，心头萦绕着久久挥之不去的儿时“春晖中学”梦……

做梦也不会想到有这一天！1977年国家恢复高考，我抓住这一转瞬即逝的机会，赶上末班车，成为当时参加1977年、1978年高考的1160多万名考生中的一员，而且十分侥幸地胜出。我永远不会忘记1977年12月8日、9日，我以重庆铁路分局九龙坡机务段设备车间工人的身份，参加在重庆杨家坪市80中的高考。永远不会忘记1978年3月14日（星期二）上午，去西南师范学院（今西南大学）报到的那一天。

那天，办理完新生报到手续，我将被褥、生活用品搬进杏园学生宿舍。因我去迟了，八人一间的宿舍，四张上下铺木床的好位置早已被前来的同学占领了，只剩进门一张木床的上铺，而且是晃动的破床。我整理好一切，躺在上面，突然大喊了一声："太舒服了！"同宿舍的其他同学都很惊奇："这么拥挤的宿舍，有什么舒服的？"我躺在床上，想到儿时的"春晖中学"梦，想到当知青时挑100多斤重担爬山路的情景，想到连续三班夜车从机车上摔下来的骨折，我的泪水忍不住流了出来。如今，我成了大学生！世界上居然还有这么好的事情，可以不用跑夜车，不用上班，天天有书读，而且还是带薪读书（按照当时规定，职工读书原单位工资照发）。

1977年的高考彻底改变了我的命运，我的人生。我们这一代"77级"大学生是恢复高考制度的直接受益者，人人都珍惜这一来之不易的读书机会。"为中华崛起而读书！"这就是30年前我们这一代大学生的响亮口号。

（2008年3月11日）

直面“老三届”

“老三届”即老三届。“老三届”已成了历史化的名词。过来人当然知道这个词的沉重历史，而年轻一代（老三届的子女们）对此则莫名其妙，比朦胧诗还难懂。再过一代（老三届的孙辈们），恐怕会像破译“湖南女书”那般费神。其实，说白了也很简单：“老三届”指的是1966、1967、1968年毕业的这三届初高中学生。但问题是，这三年中的六届初高中根本就没有读书。本该读书却不去读书，没有读书却要说成“毕业”，这是咋回事？这就是那一段历史留给后人猜的谜。

从年龄推算，“老三届”（以7岁上学计算）应该出生于1947至1952年，现在正好是45至51岁之间。本人出生于1949年，1956年7岁上学，1965年初中毕业，如果继续升学，则属于68届高中毕业生。但阴差阳错，1965年初中一毕业，我就去农村当了知青。所以在我的个人履历方面，常常会有一个问题：我属于哪一届？算不算“老三届”？正名当然无甚必要，老三届都是我的同辈人，同样“生在新社会，长在红旗下”，同样亲历过“与人奋斗，其乐无穷”的岁月。

是啊，老三届这一辈人实在有着太多太多的相同命运与经历、相同记忆与情结。《读者》杂志曾载文这样描写过老三届的历史轨迹：“他们的童年正值成长，却赶上三年困难时期；他们的少年正值读书，却要去上山下乡；他们的青年正值恋爱，却遇到性压抑最为严重的年代；当他们生儿育女时，只能生一个；当他们多年媳妇熬成婆该分房子时，开始住房改革，要花钱；当他们应该提干时，干部年轻化；当他们的子女要上学时，学校开始收费；当他们要申请职称时，又要加考外语；当他们的工龄达到30年时，企业开始破产和裁员……”

年轻的时候，人生有着无数种选择，无数种梦想，无数种机会。等到走完一段曲折坎坷的生命之途，蓦然回首，过去的种种似乎只是一条命定的必由之路，实际上只有一种选择：选择已经走过的那一条生命之途。可爱而又可怜可叹的我的老三届同龄人，所走过的就是这一条《读者》杂志描写的生命不归之途。当然，老三届中也有例外，有人赶上了70年代恢复高考制度的末班车，上了大学；有人抓住80年代改革开放的机会，成了企业家；也有人当了官出了国发了财成了名。但综观老三届，这类人毕竟为数不多。

三生有幸，我是属于这“为数不多”中的一员。1977年赶上高考末班车，考取大学，继而考取研究生，从此就在高校任教。同龄人说我是“幸运儿”，或誉我是“佼佼者”。但个人的酸甜苦辣，毕竟只有个人心里最清楚。说来有意思，最近得到一本浙江教育出版社出版的《浙江教育名人》，本人居然也厕身其中。该辞书收录的“教育名人”大多为浙江籍大学教授，时间上起19世纪40年代，下迄1992年，共2775人。我查了一下，出生于1947年至1952年间，也即属于老三届这一代的浙江籍教授，总共只有5人，而文科教授只有我一人。

我简直不敢相信自己的眼睛！

我又何能？浙江省的老三届学生当以数百万人计，我在这批人中，无论门第、家境、禀赋、才能，都不会属于上乘。想当年，我只不过是浙东曹娥江边一所乡镇初中的少年郎，18岁以前没有坐过火车出过县境，初中毕业后因无背景（父母远出谋生而随祖父母生活）连升高中的资格也没有。比起杭州、宁波、绍兴城里的那些老三届来，我实在是一只安徒生笔下的丑小鸭。丑小鸭居然成了老三届中唯一的浙江籍大学文科教授，那些门第家境禀赋才能都远在我之上的同龄人都到哪去了呢？由此也就可见浙江籍老三届同龄人的命运了。

我该怎么说好呢。我暗自庆幸？我自命不凡？我春风得意？而此时此刻，闲坐书房的我实在只能有一种感觉：黯然神伤。面对老三届同龄人的生命之途，我能说些什么呢？

（1998年11月）

怀念那年的西红柿

我是在20世纪50年代长大的，记得那年读小学三年级，秋季开学发下的人教版语文新课本，第一课是诗歌《怀念夏天》：“夏天过去了，可是还使我常常怀念，那些可爱的早晨和黄昏……”阵阵知了声中，今年的夏天也过去了。今年夏天是出奇地热，从没有开过这么长时间的空调。夏天过去了，也使我常常怀念，怀念什么呢？当然不会怀念汗流浃背，而是怀念西红柿。不是说今年夏天的西红柿特别好吃，而是等了一个夏天，还是没有吃到想吃的西红柿，于是深深地怀念起味蕾记忆中的西红柿了。

我最想吃的是什么样的西红柿呢？又沙又甜，红色的皮包裹着红色的浆果。熟透了的西红柿，那皮是可以用指甲轻轻剥离下来的。

那年那月，这样的西红柿实在是太平常不过的夏天蔬菜，满市场都有，随你挑拣。刚上市的西红柿，有的皮色还是青黄，或黄中带着浅红，摸起来还有点硬，没关系，买回来放上二三天，就全变红了，熟了。

西红柿的吃法多种多样，大人的厨艺如同魔术，最常见的自然是西红柿炒鸡蛋，西红柿蛋花汤。那年那月的鸡蛋蛋黄是绝对的黄，蛋白裹着金黄或红黄的蛋核，与红透的西红柿油锅一爆炒，红黄分明，又香又鲜，这味道至今依然齿颊生香。以后自己也当大人了，掌厨了，西红柿炒鸡蛋自然是餐桌上的常菜。

但那时候小孩子最想吃的是西红柿蘸白糖，大人将洗净的西红柿用开水这么一烫，外皮很快就剥落了，用快刀将西红柿切成片状；或者不用开水烫皮，直接切片，整齐地码在小盘小碟上，然后撒上一层白糖，一盘西红柿蘸白糖就做好了。这是夏天最好吃的东西之一，既是蔬菜又是水果，又沙又甜，这味道想起来至今依然齿颊生津。以后自己也当大人了，也常常做给孩子吃。再以后有了冰箱，冰箱里放一放就做成了冰镇西红柿，是孩子放学后最爱吃的东西。

初中毕业后，我到农村当了知青，生产队分给我们每人一小块自留地，可以随心所欲栽种想种的蔬菜。我的自留地上，自然种上了西红柿，于是西红柿生吃熟吃炒着吃做汤吃，知青小餐桌上最常见的是红红的西红柿。

有一次，公社供销社找我去帮忙，到邻村去验收生猪宰杀户的猪肉数量。社员自家喂养的肥猪，按当时的政策可以自宰卖给本村社员，我的任务是登录记清社员一笔一笔买走的猪肉，统计好后缴给供销社，供销社再去收税什么的。那天任务完成后，供销社不但给了我劳务费，生猪户还送了我一斤从屠宰锅里取出来的直冒热气的猪肉。这样的好事当知青时遇到过好几次。

那天傍晚，我把这一斤热乎乎的土猪肉带回知青点，我和同学们煮了一大锅西红柿肉片汤，大家又唱又笑还喝了小酒。猪肉飘香，红汤鲜美，大家吃了个精光。这场景，这味道，一咂舌至今还齿颊生鲜。

不知从什么时候起，夏天才红透的西红柿一年四季全都有了。也不知从什么时候起，西红柿变得越来越硬，很难捏出那种柔软的感觉，外皮用指甲根本剥离不下，非得用刀去削。使人奇怪的是，西红柿的皮依然还是红的，但那红不是自来红，不是熟透了的自然的通红，大红，黑红，总感觉红得使人可疑。即使有的外皮是呈黑红的，用刀切开，中心居然还是白黄的硬块。当然，这样的西红柿自然不再是又沙又甜的了。既然还是西红柿，那就买回来放上几天看看吧。谁知放了五天，十天，半个月，依然还是原样，外红里硬，再一看，朝底放的那一半已开始霉烂了。沙甜的西红柿，你在哪里？

超市的营业员说，你要的西红柿，现在没有货，等等吧。先是等来了海南的，以后是本地的，既有有机西红柿，还有贴了标签的，但等了一个夏天，就是等不来我味蕾想吃的那种表皮可剥的沙甜西红柿。

夏天过去了，沙甜的西红柿在这个城市怕是再也等不到了。使我没有想到的是，我后来还是等到了，吃到了。

初中老同学加老知青聚会，一个电话打来，我兴冲冲地赶回了山阴道上的故土。老同学加老知青的双手握在一起，大快朵颐的是当地土菜馆的土酒土菜土猪肉土鸡蛋。那天在一位农村知青老同学家餐叙，中间端上来一大海碗西红柿肉片汤，我一尝，正是当年知青时吃个精光的那个味。我的眼睛不禁湿了起来。老同学说，他今天招待大家的，全是自己地里种的，圈里养的，缸里酿的。怪不得猪肉飘香，红汤鲜美，这才是沙甜的西红柿啊！

原来，那位老同学当知青时“嫁”到外村，入赘做了上门女婿，虽然后来他自己招工进了城，但妻子还住在乡下，他退休后也回到了乡下，两个儿女在城里另有工作。他在妻子的农村宅基地上将旧房改建成四层楼，顶楼阳台可眺望曹娥江，是地道的“江景房”。他自家有一大块菜园，一年四季的蔬菜完全够俩人吃的了。他好饮，带我们去看了后院小屋酒缸自酿的“本帮糟酒”。他得意地说：农妇（夫）山泉有点田（甜），这才是退休养老的好去处。

我们举起酒杯，都祝贺他“目光远大”，我的眼睛忍不住又看了一眼那碗西红柿肉片汤。老同学说，你要吃沙甜西红柿，我给你留一快地，自己来种。“还住在城里干嘛？又是雾霾又是拥堵，我们这里天天都吃特供的有机蔬菜。”哈哈，席间一片欢笑声……

（2018.8）

为什么访问童年

殷健灵的散文新著《访问童年》是一部奇特之书，这部书是写童年的，但不是写殷健灵自己的童年，而是写他人的童年，写26位被采访者已经消逝了的童年。《访问童年》采用了两种视角回望童年：被采访者回顾自己的童年，访问者凝视、评说对方的童年，因而这部书的结构是由讲述者的口述叙事与倾听者的评说两部分组成，26篇口述，26篇评说。这是一种难度写作，写作者面对的是一段已经消逝了的生命，而且是一段从他人口述中听来的消逝了的生命故事，因而，这是一部可以从多种维度解读的书。

人生从婴儿开始，从童年出发，向青年进军，走向如日中天，走向无限风光，走向残阳如血，走向蒹葭苍苍、白露茫茫。如同世界上没有两片相同的树叶，家家都有一本难念的经，每个人都有不同的童年。打开每个人的童年，都是一部不同的故事、不一样的人生。正是这不同的故事、不一样的人生，才构成了生命的丰富性、多样性，社会的复杂性、永恒性，才有了文学的诗与远方、蓦然回首与吞吐大荒，“一切都是命运，一切都是烟云，一切都是没有结局的开始，一切都是稍纵即逝的追寻”（北岛）。

殷健灵那么辛苦地，无怨无悔、精神饱满地去采访地北天南不同背景的人的童年，打开他们的记忆闸门，倾听他们表情不一的倾诉。我相信，每次访问一个人的童年，对于倾听者、记录者、思考者，都会是一种精神的震颤与磨砺。因为每个人的各不相同的童年给予倾听者都是一种不同的故事，这是独一无二的童年，不可复制的人生。访问他者的童年，对于访问者来说，必然会记忆与对照起自己的童年。这种记忆与对照，将会是复杂的，难以言说的情感搅拌。

读殷健灵的《访问童年》，特别是那一篇采访“80后”留守儿童白茉莉的《“什么是完整的家呢？和有没有父母无关”》，使我不由自主地想到了自己的童年。在我的童年时期，没有父母的概念与记忆，在我出生之前，父亲为谋生去了很远的一座城市，在我两岁的时候，母亲独自一人去父亲那座城市探亲，从此就留在了那座城市。我是那个年代的“留守儿童”，跟随祖父母生活在一起。尽管父母远在数千里之外，但我却度过了难忘而美好的童年，“隔代亲”使我拥有了祖父母给我的全部关怀和爱，即使在饥饿的年代，我也没有留下太深的饥饿记忆。直到20岁，我才第一次来到父母扎根的那座城市，第一次见到父母还有我的4个弟弟。当我听弟弟们说他们经常煮一锅咸萝卜汤下饭时，我完全理解了父母为什么要使我成为“留守儿童”，完全懂得了父母的苦楚和不容易。虽然我没有在父母身边长大的童年，但我却有在祖父母点点滴滴雨露滋润般呵护下长大的童年。同时，使我从小无师自通地懂得了自立、自强的含义与紧迫性。如果没有我“留守儿童”式的童年，我想我不可能有定力与勇气走向青年，走向人生的每一段岁月。因而，童年对于我是人生的最大馈赠，生命从童年出发，童年的岁月已为人生定格下了永远激励生命向上向善的坐标。

《访问童年》记录了26位形形色色的人的童年，书中的受访者包括从1922年出生的老人到2005年的孩童，年龄跨度将近一个世纪，他们的童年小史从一个侧面反映了中国近百年的时代变迁，是一部浓缩的百年儿童的成长史、精神史、感情史，虽千差万别，却都指向一点：童年可贵，童年可爱。诚如1925年朱自清在为俞平伯回忆童年的新诗集《忆》所写的序言中说：“飞去的梦因为飞去的缘故，一例是甜蜜蜜的，但又酸溜溜的。”

我不清楚这本书是写给谁看的，但我相信，这是一本童年、青年、中年和老年都可以看一看的书。这是一部文学作品，也是一部社会调查、一份心理报告、一段人物传记；这是一部写童年的书，也是一部写生命的书、写精神的书、写哲学的书、写世界的书。童年是生命的开始，是人性的底色，是哲学的母题。

谁理解了童年，就是理解了生命。谁读懂了童年，就是读懂了生命，读懂了哲学。对童年的解读，最深刻的中西哲学家当属老子与尼采。老子在《道德经》（今本）第四十九章中说："圣人皆孩子。"陈鼓应这样注释："有道的人使他们都回复到婴孩般真纯的状态。"在老子哲学中，儿童有着崇高的地位，儿童是自然之道与精诚之至的化身和象征。儿童是生命的开始，如朝阳初升，一切皆是新景，一切皆有可能。

尼采在其名著《查拉图斯特拉如是说》中，提出了精神境界的最高阶段是"回转变成小孩子"的哲学命题。尼采将人类奋进的精神和价值转换的历程分为三个程序，即精神三变："精神如何变成骆驼，骆驼怎样变为狮子，最后又由狮子成为婴孩。"尼采坚信，人类首先要以骆驼般的坚忍负重，承负一切艰难，惟其如此，才不会被旧价值的累赘压垮，从而成长自己；进而，必须将骆驼精神转换为威力无比的猛狮精神，把一切传统包袱抛入历史；而最后是将猛狮精神转化为新生的纯正的儿童精神："婴孩是一个新的开始，一个新的游戏，一个自转轮，一个初始的运动，一个神圣的肯定。"尼采哲学的"一切价值转换"的最后转换是回到婴儿时代，回到童心世界，回到儿童那里去。

殷健灵如此深情地倾听他者的童年，访问他者的童年，并用细腻的笔触情感饱满地叙述他者的童年，这说明什么？这说明殷健灵是一个懂得儿童、懂得生命、懂得哲学的人，是一个追求思想深度与精神高度的作家。在一个物欲横流、生命碎片平庸的年代，这样的作家不多，这样的女作家尤为少见。

（2019年1月）

第二辑·读书在民间

读书在民间

又临岁末，作为读书人免不了会盘点一下今年的读书，而读书又与买书、写书连在一起，所以先盘点买书。

今年跑了两趟西单图书大厦，一趟涵芬楼，买书若干。虽然现在图书也可网购，不但打折，而且由快递送书上门。这样的网购自然也有，但本性还是喜欢逛书店。穿梭在排排书架之间，楼上楼下“上蹿下跳”，人文社科教育少儿艺术科技什么都翻翻看看，多多少少都会买他几本回来，这份满足与自得只有自己清楚。书店买书贵于网购，因何而买？一则确有心喜之书；乃二，也是以“实际行动”支持实体书店。现如今电商网购已将实体店打得七零八落，哀鸿遍野。海淀原有的图书城、第三极，北师大附近的盛世情等已经不见踪影，当年所办的会员卡、积分卡也成了文物，倘若连西单、三联、涵芬楼等书店也“七零八落”，倘若连像我这样逛惯了书店的读书人也热衷网购，那岂不悲夫也哉。

盘点今年的读书，还是以实用为主，也即所看之书大多与手头正在写的书有关，无关的“闲书”自然也看。手机上有“懒人听书”，应属闲书，但听的却是鲁迅的《朝花夕拾》，还有《古文观止》，虽然与今年所写之书无关，但算不算闲书却不得而知。

今年弄得我焦头烂额心急火燎寝食不安的是在写《中国儿童文学史》，当然这本书也并非是今年才动笔，而是今年年底必须交稿完成，原因是出版社申报成功了“国家出版基金”，基金办公室催出版社，出版社催我，自然天经地义。百年现代中国儿童文学与百年现代童书出版紧密相连，而百年现代童书出版又与商务印书馆密不可分。

想当年沈雁冰还未启用茅盾笔名的时候，从北大预科毕业，找到的第一份工作就是去上海进了商务印书馆，在孙毓修手下编辑童书。中国出版史竟是如此厚待沈雁冰，原来他的顶头上司孙毓修1909年所编撰的《童话丛书》之第一本《无猫国》，竟是中国出版史上的第一本现代童话出版品。沈雁冰，后来还有郑振铎，继孙毓修一起续编《童话丛书》。这两位年轻人，以后不但先后担纲商务印书馆《小说月报》的主编，更成了文学研究会的顶梁柱，中国新文学的巨匠。茅盾晚年回忆往事，自然感恩他文学生涯起步的商务印书馆，推崇孙毓修是

“中国有童话的开山祖师”“中国编辑儿童读物的第一人”。

说了这么多，其实只想说我要完成这部史书，无论如何必须阅读商务印书馆的相关文献；商务的掌门人与灵魂人物是张元济（1867—1959），因而有关张元济的书籍自然成了必读。张元济是近现代著名出版家、版本目录学家与藏书家，张元济的生平事迹联系着整整一部中国近现代出版史，出版史又联系着文化史、思想史，因而阅读张元济，予我所得不仅是实用主义的现代童书出版问题，更有沉浸在张元济、商务背后的中国人文情绪、荣辱记忆与读书风景。今年是张元济先生诞辰150周年纪念，又逢商务印书馆创办120周年馆庆，有关张元济与商务的图书自然是出版亮点。

我有幸读到的第一本书是《书里书外：张元济与现代中国出版》。是书作者柳和城，上海交通大学出版社2017年8月出版，58万字。柳和城先生是研究张元济与商务的专家，此书是其三十多年“张研”“商研”及出版史研究的汇编结集，内容自然“如行山阴道上，目不暇接”。但当我沉浸在阅读快意中时，却有两件“故事”使我如吞下了苍蝇般地难受。这两件事都与书有关，但却实在令人匪夷所思。

第一件事柳著是这样记载的：“有人曾撰文称商务早年档案，早已毁于‘一·二八’日寇炮火，剩下的也已‘开发利用’，出版了诸如张元济馆事日记等好几种书，似乎早已穷尽。然而，前些年某位先生在自己著作内，影印公布1920年7月8日商务编译所一位管事人给张元济谈沈雁冰（茅盾）加薪及调座位事的信，这正说明老档案并非全在‘一·二八’时全毁掉，恐怕部分早已流入私人手中。”果不其然，原来商务的老档案竟于2002年流出。“当年王府井办公大楼大修，存放在那里地下室的旧箱子——大约就是传说中当年从上海运去的几十箱‘账簿’吧——要转移。于是大批极富文献价值的档案，则被管理人员（还有批准者）怕麻烦当破烂卖掉了！”于是这就有了潘家园与“孔夫子旧书网”的张元济书札与商务文献的拍卖。

无独有偶，据《书里书外：张元济与现代中国出版》的披露，上海竟也有如此视图书文献如破履的“出版人”，而且更是明目张胆：“上海一家老字号少年儿童出版社，从1950年初就设有一个资料室，收藏了一批中外儿童书刊，蔚为大观。随着时间的推移，这些儿童读物已成星凤，颇为珍贵，因此几十年来深受社里社外读者的欢迎，连‘文革’动乱也未曾遭损。想不到几年前，来了一位新上任的领导，认为化二三人管理这堆破书是‘浪费’，竟然下令停办了这个资料室。更有甚者，将这一大批十分难得保存下来珍贵的儿童书刊全当废纸卖到了废品回收站！出版社当家人该算文化人吧，却干出没有文化的事！”

呜呼，看到这里我这个皓首穷经正在撰写《中国儿童文学史》的读书人，只想哭！因为我遇到的一些20世纪30年代童书史料的瓶颈，正想去那家少儿出版社查找呢，以前也曾隐约听说过，但绝不相信，认为是误传，想不到果真被当破烂卖掉了！

读书人怎么了？文化人怎么了？果真是资本市场赵公元帅起了配置一切的决定性作用？抬望眼看今日之中国，全民阅读、书香社会、农家书屋、校园阅读推广搞得轰轰烈烈，我也曾被邀当过阅读嘉宾甚至“专家”，应该说社会读书的风气正在向好。但有时又心存疑虑，地铁车厢满眼望去几乎人人都在读手机，看不到有读书之人。那些热闹非凡如赶场般的阅读大会又有多少作用呢？真正的读书人又在哪里？

11月中旬，我应邀去上海参加国际童书展的活动，举办童书展的场地设在浦东的“世博园”。我与柳和城先生神交已久，他的住所也在浦东。于是我趁童书展的空档，去拜访柳先生。柳和城先生著有《张元济年谱长编》《穆藕初年谱长编》《叶景葵年谱长编》《张元济传》《孙毓修评传》等，光看这些书名，就可想见那是需要付出多大的时间精力的冷板凳工夫，又该跑多少次图书馆、档案馆？我想象中的柳和城先生应是身板硬朗、手脚利索，而他的书斋自然四壁书墙、架插卷轴并有古玩古董的陈设。

我终于欣欣然敲开了浦东杨高南路柳和城先生的房门，使我万万没有想到的是，迎接我的柳先生竟拄着枴杖！

柳先生长我数岁，他说他高中毕业后，因足有残疾，度过几年待业生涯，后来当了会计，一直干到退休。他的所有读书与著作，全是业余——真真正正地在做完会计本职工作满足养家糊口之需后的业余！而他无数次的跑图书馆、档案馆，全靠夫人当他的助手——真真正正的搀扶他上车下车、上楼下楼、借阅摘抄的“学术助手”！

环顾柳先生那间客厅兼书房大约十多平方米的房间，两壁是顶天立地的老式书架，图书、资料密排得没有空挡，可以想见，他的每一次找书都需要夫人的帮助。我不由对沉默寡言忙于家务的柳夫人肃然起敬，这才是“军功章里有你的一半也有我的一半”。

就在柳和城先生的书房里，我读到了今年所见第二种“张研”出版物——《张元济先生九十生日纪念册》。是书由商务印书馆2017年7月出版，高仿影印本，6k线装，上下两巨册加一释读本，定价2800元。1956年10月，张元济先生九十寿诞，商务印书馆同人发起邀请文化界和社会名士撰写祝词、赋诗、献画，以示庆贺。先后征集到文学、学术、艺术各界名流郭沫若、茅盾、叶圣陶、郑振铎、陈叔通、邵力子等书画诗文112篇（幅），精工装裱成《张菊生先生九十生日纪念册》两巨册，作为寿礼呈献张元济。纪念册原件一直珍藏于上海图书馆善本室，绝大部分内容未曾公开面世。今年是张元济先生诞辰150周年，商务印书馆和上海图书馆合作，遂有此美轮美奂的影印纪念册之出版。

柳和城先生兴奋将此纪念册展示在书桌上，如数家珍般地一页一页向我介绍。我问柳先生应何得此巨书？柳先生说他和张元济先生的嫡孙张人凤先生一起做了这部巨书的“释读”工作，将全书所有手写的书画诗文中的文字一一辨释出来，并对所有作者的生平加以介绍，名家容易，而也有当年部分商务老员工的生平却颇费周折。这份“释读”工作化了柳先生数月时间，这是他作为“释读”者得到的样书。

柳先生又向我展示了前不久他应邀去张元济故乡——浙江嘉兴市海盐县武原镇张元济图书馆参加张元济先生诞辰150周年纪念活动的合影照片。我看到，照片的前排坐着领导专家，而“业余”研究了张元济几十年、著有《张元济年谱长编》《张元济传》腿有残疾的柳和城先生却拄拐站立在后面！

“天子失官，学在四夷。”信哉，真正的读书人在民间，而不是在阅读大会。这是我盘点今年的读书最深的印象。

（2017年12月）

读书与习惯

某日与研究生谈读书。有研究生问我读书有什么经验、心得？我说了一句话十个字：“养成好习惯，受益一辈子。”我这里说的“好习惯”不是指要养成爱读书、喜欢书的习惯。作为读书人，爱书、爱读书这是他（她）的本性使然，习惯成自然，因而用不着再说；我所说的“好习惯”，是指在读书过程中需要养成的一些习惯，这些习惯有益于提高读书质量，因而是“好的”习惯。积数十年读书之心得，我觉得有下列三方面的习惯是有益于读书的，应当养成的，故尔乐于说出来与大家共勉。

第一，不动钢笔不看书

我虽然出生在素有文化渊薮之称的浙江绍兴曹娥江畔，但我的父母亲远在外地做工，我从小所接触的亲属亲戚，不是做小生意的，打工糊口的，就是两脚泥杆一脸黑的农民，只有一个姨娘是公办小学教师，另有一个堂姑母是民办小学教师。这样的背景，注定我从小不可能拥有一个良好的读书氛围。我16岁初中毕业，先是当了将近三年的下乡知青，以后又当了三年兵，再以后当了7年铁路工人，青少年时代的这种坎坷生活经历，自然也注定我不可能成为一个读书种子。一直到“文革”结束恢复高考制度，我才有幸成为一名77级本科生，自此成了以书为谋生手段（读书—教书—写书）的读书人。

尽管我的出生背景与早年生活经历远离书本与书斋，但我从小却酷爱读书，只是苦于无钱买书，所以一直到我上大学，全部藏书也不过数十册，而且大多是普通读物。但我有一个习惯，不论看什么书，都爱动笔。“不动钢笔不看书”，从初中开始养成的这一习惯一直到现在依然“本性难移”。

我信奉这样的观点：好记性不如烂笔头，知识在于积累。以前无钱买书，所读之书都是借来的，不能在他人或公家的书上随便划写，所以我就一边读书一边摘记。凡是阅读过程中感觉有教益的、有启示的、发人深省的、令我眼睛发亮的，我都把它们摘录下来，有词汇，有警句，有语录，有梗概，兴之所至，随读随记。记得多了，我又按内容不同，分类摘抄。

这样的读书笔记从未间断过，到1977年参加高考时，大约记了二三十本。正因为有了这些积累，高考时前一天我还在车间上班（当时根本不准请假复习），第二天进考场一点不感觉恐慌，从容答题，顺利交卷。以后，经济状况有了改善，自己买的书越来越多，读书时除了摘录，更可以随心所欲在自己的书上又画又写，眉批、心得、重点、疑问什么都有。不论我走到哪里，我的口袋里永远揣着一支笔，为的就是读书时所用。虽说现在有了电脑上了网，从网上可以方便查阅资料，轻松下载文件，但我认为网上的东西还是不能算是自己的，只有自己用心读过了，用笔记过了（摘抄、批注、划线），这才算真正读过了书。

“不动钢笔不看书”的最大好处是：看书时高度专注，不分心，记得牢，印象深。因而有的书看过多年以后，我也能从书中翻出某一页，找到某一段某一句。

第二，老老实实读原典

作为一个中国的读书人，有一些中国经典是一辈子必须要读的。十年前，我在西南师范大学任教时，曾应中文系学生之请，开过一个最低限度的必读书目：

一、中国文化元典

《论语》《孟子》——儒

《老子》《庄子》——道

二、中国文学经典

《诗经》《楚辞》——中国文学两大流派之元典

《唐诗三百首》——古典诗歌高峰期之精选

《古文观止》——古代散文历代名篇之精选

《红楼梦》——古代小说压卷之作

三、现代文学精粹

鲁迅小说《阿Q正传》等

沈从文小说《边城》等

钱钟书长篇小说《围城》

我开的书目不多，仅12种而已。我要求同学们能老老实实读完它们，而且要读原典。但使我伤心的是，我在数届毕业生中作过调查，真正读完过以上12种原典的寥寥无几。更使我悲哀的是（后来在多所大学中文系请人作过调查），这12种书有不少中文系的中青年教师也都没有读完过。这使我十分伤感，作为一个中文系师生，竟连代表中国文化与中国文学精粹的这12种图书都没读过，这怎么说得过去呢？

当然话又说回来，不少学生其实都了解这些图书，有的还颇“精通”。但我一细问，原来他们大多是通过导读、快读、速读、缩写、节选、白话译本等名著“教辅读物”来了解这些著书的。这种不读原典走捷径的读法可以说已成了今日读书界的一个普遍现象。你不妨到书店去看看，各种形式的名著“教辅读物”真可谓琳琅满目。出版社大多打着“现代社会快节奏、没时间读大部头”的幌子，引导读者去看他们制作的导读、缩写之类的快餐读物。这些快餐读物自然也有其一定价值，也可以看看。但如果一味依赖快餐读物，不读原典原著，那就会得不偿失，不但感受不到原典原汁原味的精华、获取原典纯正纯粹的品质，而且会被快餐读物牵着鼻子走，它错你也错，它懒你也懒。更要命的是，不知不觉间会养成一种不读原典、投机取巧的不良习惯。

当今学界有一种十分浮躁、极不负责的现象：有的人撰写评论作家作品或学术著作的文章，速度惊人，根本不读原著，而是翻翻前言后记内容简介，或再从他人已发表的评说中节取相关内容，如此这般，这般如此，就大功告成。应当说，这种风气与不读原典的不良读书习惯有着直接关系。我想奉劝我的学生与年轻朋友，既然读书，就要老老实实读原典。老老实实读原典，实在是认认真真做学问的根本保证与前提。

第三，读书要杂，著述要专

作为从事人文学科研究的学生，切忌读书单一，光抱着自己本专业的书籍，对其他专业的书籍“鸡犬之声相闻，老死不相往来”。我经常接到联系考研考博的学生电话，问：“除了招生简章上开列的参考书，还要不要再看其他书？”我每次接到这种电话，心里就想：这个考生没有希望了，攻研读博，光看几本专业参考书就够了吗？当然也会有这样的考生，他（她）把与专业考试相关的书背得滚瓜烂熟，别的书一概不看，所谓“只攻一门，三年必成”，果然以高分考取了。但这样的考生即使录取了，如果不改变读书单一的习惯，以后必然不会有什么出息。

读书单一势必造成视阈短浅，知识结构单一。从事文学研究，一定要有历史的眼光，哲学的根底，美学的鉴赏能力，自然更要有卓越的文字表达能力，斐然成章，文笔优美。孔子说：“言而无文，行之不远。”搞文学的，无论是做研究还是创作，文字功夫是第一等重要的。为达此目的，这就要求我们读的书一定要广，要杂，除了文学专业，常凡哲学、历史，社会科学如人类学、民俗学、文化学、语言学等方面的，以及现代科技、科普、科幻之类的图书，都应广泛涉猎。

读书虽应广、杂，但我以为，做研究工作，动笔撰著，则应收缩渔网，目标要专，要挖深井，不要挖池塘，认准一个目标，围绕一个方向，扎扎实实，深钻下去，深研下去，成为某一方面的专家，在学界找准自己的立足之地，站稳脚跟。

总而言之，无论读书做学问，养成好习惯都是十分必要的，有益的，甚至会受益终生。从某种意义上说，一切教育实际上都是为了使受教育者养成习惯——有益于人心、人生、人世、人类社会健康向上的好习惯。养成好习惯，受益一辈子，做人如此，读书亦然。

（本文系与研究生的一次谈话整理而成，2003年10月5日）

忧书

因为职业与心性的关系，近二十年来余一直与书打交道：买书、读书、教书、写书、出书，如此周而复始，打发时光。看室内图书壁立，闻校园书声琅琅，来往无官商，变笑皆书生，虽无大笔存款，金银秘藏，但有千册图书，若干线装，其间还有几本拙著；更喜独生女儿也考上大学，成为新一轮读书人，子承父业，今后几千册图书传承有望。所以优游书巢，南面称王，颇为自得。

不料，忽一日从报纸上看到如此一篇文章：《图书：将被灭绝的物种》。着实使余吓了一跳。初以为老眼昏花，再定睛果然如此，于是赶紧往下读。据此宏文的说法，人类文字的载体可分为三个历史阶段：一曰手工图书时代，如中国上古的甲骨、青铜、简帛是也，孔子“韦编三绝”是其时典型的读书方式；二曰工业图书时代，即用印刷机在纸上印制图书的时代，此即吾辈目下所见所藏之图书；三曰后图书时代，这便是日益展现在人们面前的多媒体时代，这是集文字、图像、声音于一体的电子读物。此文断言，今日架上林立的图书必将被电子读物所取代，图书走向灭绝的命运已经注定，书生钟爱之书籍必将呜呼哀哉！

读完此文，不禁一屁股跌坐在板凳上，只觉天旋地转，全身散架，头皮发麻，手脚发凉，恍恍兮如大厦将倾，惚惚乎若夜临深渊，难道世纪末果真已经来临？那些终日爱我护我亲我的大32开小32开精装本简装本线装本书店买的书摊掏的朋友送的自己写的图书，果真就会随风飘去，走向灭绝的命运？没有了图书，类似书房书斋书店书摊书库书局书屋书院书架书柜书桌书箱书包书夹书本书目书眉书脊书缘书香书生气书呆子之类的词汇，还有什么存在的价值？没有了图书，一介书生又将如何存活？

遥想吾辈当年，先为“老三届”后成“七七级”的同龄人，长身体时适逢三年困难时期，长知识时又遇“文化大革命”，先天不足，身心两亏，读书不易，藏书更难。好不容易盼来恢复高考制度赶上末班火车跨入大学校门，那时节，图书出版业刚刚复苏，图书一时成为全社会争购的紧俏商品，需排长队批条子拉关系开后门才能买到。七七级同学中，余虽系“带薪读书”，但已有家室之累，仍需节衣缩食想方设法，这才买到了全套《三国演义》《水浒传》《西游记》《红楼梦》《莎士比亚》《悲惨世界》《安娜·卡列尼娜》《约翰·克利斯朵夫》……这些梦寐以求的中外名著终于为余所有，当时那种志得意满欣喜若狂之态，非今日大学生（如吾女）所能想象。

再以后，余也居然出版了自己写的书，出版社涉及京沪浙川湘鄂桂，以及海峡对岸的台湾与一衣带水的日本。记得1987年第一次得到拙著样书时，抚摩翻看，顺阅倒读，闻着那沁人心脾的油墨书香，真有人生无憾飘飘欲仙之感。今日之余，倘若一日不见书二日不摸书三日不读书，就会寝食不安茶饭无味，惶惶然如丧家的书店老板的乏走狗。

书啊书，你怎么可能将会灭绝？大千世界荡荡乾坤怎么可以没有书呢？

自以读了那篇文章，竟有数日无名忧伤，妻也搞不懂余为何不明不白消瘦了许多。忽一日遇一智者，问余心病，启余心扉，侃侃而谈，以解余忧。

智者曰：人类对特别重大之科技成果，一开始都会惊喜交加，所喜毋庸言，所惊则担心其始料未及之后果。比如，发明原子弹担心会不会自毁人类，发明电脑担心是否会取代人脑，发明“克隆羊”担心今后人是否也会被复制，如今发明了电子读物，自然又会担心灭绝图书，此乃人类思维必经之阶段。但人是理性动物，黑格尔氏云：人之所以为人，乃在于人能脱离直接性与本能性。人既能发明原子弹、电脑、克隆羊、电子读物，也必能有效阻止此等高科技走向反面。汝不必忧也不必悲也。

余闻此言，稍有所安，默然而退。但仍心存疑惑：电子读物真的不会将图书“吃干抹尽”么？余还是有所不安，故特借报端示此隐忧，以祈高人明以指教，不胜感激之至。

【又记】以上文字写于1997年4月，同年先后被刊登或转载于《中华读书报》《重庆日报》《东方晨报》《作家文汇》等，当时产生了一定影响，因而自鸣得意，满以为图书（如今的时尚名为“纸媒”）的命运会如我所愿而“苟延残喘”。

没想到时代进入21世纪，肇始于上世纪末的互联网进入超常规的发展，现如今，以互联网为突破口，数字媒介已横扫天下，图书的命运出现了前所未有的危机。已有论者计算出了纸质书刊边缘化的时间表：到2020年数字出版将占到出版业销售额的50%，2030年时90%的图书都将是E-BOOK，也即再过20年，我们大量阅读的媒介将不再是纸质图书报刊，而是电子书等手持智能终端设备了（见郝振省主编《中国阅读：全民阅读蓝皮书第二卷》329页，中国中籍出版社2011年版）。

以上断言，对于酷爱书籍的吾辈而言，实在是一件可怕的事。而事实上，纸媒书刊被快速边缘化的现实已越来越“兵临城下”，请看网络中出现的事实播报：

“在教室里，越来越多的学生用笔记本电脑或平板电脑记笔记，传统的纸质笔记本和钢笔被逐渐取代了。学生们不再像他们的父辈祖辈那样用笔写信，而是通过各种社交网站、电子邮件和即时通信工具。这不能怪学生，连现在的老师们也越来越少使用板书，幻灯片早已成为课堂标配。教师带着学生一个个字写出来句子，一行行推导出来公式也几乎成为历史。

“而手机等移动设备使得年青一代越来越缺乏思考，更易于在生活中的方方面面犯错。只要输入几个关键字母，整个单词就会出现，这样的智能输入法使得学生们在其他事情的处理上也更加快速，却失去了准确性。

“人类从兽骨笔芦苇笔时代来到鹅毛笔钢笔时代，再来到水笔和圆珠笔时代，现如今到了键盘和触摸屏年代。以后借助语音技术，是不是连手指都不再需要了，到那时，消逝的恐怕就不仅仅是笔尖了！”

呜呼，图书的命运将是越来越可悲，嗜书如我者，能不长太息而掩涕乎！

（2014.7.11晚补写毕）

我与《中华读书报》

《中华读书报》创刊已经20年了，这20年正是国人读书读报之风气与习惯大变的20年。20年前，甚至十年前，在北京坐地铁，最平常不过的一道风景线是几乎人人手里都拿着报刊，在那里埋头翻阅。那时的地铁站设有书报摊，进地铁买份报纸那是寻常不过的事。不知从何时起，地铁站不见了书报摊，却增设了安检口，坐地铁成了挤地铁，有幸坐着的乘客，再也不见有人看报了，而是人人握着手机，在那里低头点击。有一次坐地铁，我拿出《中华读书报》阅读，周围投来一片怪异的目光，我简直成了“余孽”。

这年头不知怎么了，人与人之间变得越来越不可信，否则地铁站要设安检口干嘛？读书读报的人则是越来越少，因而那些还在抱着书报不放的“志士仁人”，不断呼吁设立阅读节、读书日。试想一下，如果国民读书的风气很盛，还用得着呼吁、推广吗？

于是，我就想到了《中华读书报》。我常常想：要是没有《中华读书报》，读书人将会怎样？对于我来说，那是一件简直不可思议的事，因为阅读《中华读书报》，已成了我的生活习惯。

周三下午，不用上课（我与院系教务办公室多年约定：周三下午绝对不能安排我上课，其他任何时间都行），宅在寓所，午休起来，泡杯绿茶，然后东摸摸，西翻翻，魂不守舍似的，从书房到客厅，从客厅到阳台……时钟指向三点，立马下楼，急匆匆打开小区的信箱，里面必然已经放好了当天“新鲜出炉”的《中华读书报》。我像捧着和田羊脂美玉那般喜滋滋地捧着《中华》上楼，然后安逸地或坐或躺在阳台的竹塌椅上，慢悠悠地啜上几口绿茶，慢悠悠地打开《中华》。好东西要慢慢享受——这是我一周中最悠闲放松安逸幸福温暖的时光。啊，真是“面朝大海，春暖花开”！

先是浏览各版标题，接下来是一篇篇一行行品读要看的文章。有时有自己的拙文见刊，自然心气更高，连标点也不放过：被编辑改动过没有？当此时也，借用一句广告词：“感觉正是好极了！”一个个或熟悉或陌生的作者姓名跃入眼帘，有的是我敬仰的前贤，有的是学林熟人，有时也会忽然跳出多年未曾谋面的老同学、老朋友，于是赶紧读其大作，当然更多的是陌生面孔……真是群贤毕至，少长咸集，一起奔来眼底，与我“雅会”。而那些署名《中华》编辑记者姓名的文章，一见便生亲切感。以前常见有王小琪、祝晓风、呼延华、红娟，现在多见的是舒晋瑜、陈香、王洪涛、吴荷、韩晓东……因为近水楼台的关系，我时不时能在京城的学术研讨会、书市书展上与《中华》的编辑记者聚首，见面最多的是陈香与舒晋瑜。陈香专跑出版口，而且负责与童书密切相关的“成长”版，因而凡是京城与儿童文学、少儿图书有关的会议与活动，准有陈香到场。舒晋瑜被喻为当代文坛的“战地记者”，京城的重要文学活动包括人文社科方面的学术会议，自然少不了她。

北京因为堵车的原因，研讨会一般放在上午9点开始，媒体记者通常坐在外围，但开到大半，记者就走得差不多了，他们已拿了车马费与新闻统稿，有的还要赶下一场。坚持开到散会的不多见，如果有，那准是《中华》的记者。陈香如果到场，她必定坚持到最后，还会往会场中间挤，她爱提问，有时还直接拿起话筒发表观点。像这样敬业的媒体人写出来的文章自然好读耐看有嚼头。至于舒晋瑜，她的作家深度访谈结集《说吧，从头说起》，得到了文学界的广泛好评，体现了一名职业编辑优秀的专业素养。

真是时光荏苒，《中华读书报》创刊已经20年了，我也居然在不知不觉中跟她相识相守了20年。我是《中华》的老订户，以后荣幸地成了赠送户。我既是忠实读者（我不想用“粉丝”，感觉上不对味），也是投稿作者。

第一次在《中华读书报》发表文章是1996年9月26日，题目是《不妨聊备一册》。当年作家刘心武记忆有误，错将宋代黄庭坚的诗句“桃李春风一杯酒，江湖夜雨十年灯”，写成自己梦中得句，因而遭到围观嘲讽。我的文章是为刘心武解围，我认为作为一个整天脑子里旋转着形象思维、语言符号的作家，记忆有误情有可原，如果要打板子，应打在签发刘心武文章的报纸责编身上。因为第一，这说明编辑读书不多，把关不严；第二，如果编辑明知这是古人诗句而又发表刘文，这就是存心让刘心武出洋相，做人不厚道。最后我建议，书海无涯而记忆有限，凡是舞文弄墨者包括编辑，最好能在案头“聊备一册”《中国古代名句辞典》之类的工具书，以便撰文时检索查证。这篇小文在当时产生了一些影响，曾有读者来信点赞。

自此以后，我给《中华》投稿的心气自然高了起来。为撰写此文，我翻出了历年投稿记录的笔记本，据统计所得，我至今共在《中华》发表了大大小小88篇文章，其中有两次同一天发表两文；2003年8月27日竟在同一天的《中华》不同版面上，发表了3篇文章：《该把科幻文学的苗种在哪里？》《岂能“以官衔定名人故居的命运”》《人生的况味》，创下我在同天同一报纸刊文最多的纪录。

在我眼里《中华读书报》是一份跨越学术界、出版界、教育界、读书界、思想界的高品位人文类报纸，凡是读书人都应读一读、翻一翻。因而我常常会在不同场合推介该报。我的三弟，在西南大学担任植物学教授，受我影响，长年订阅该报，他的一位同事则受其影响，也订了该报。2001年，我的女儿在四川大学中文系研究生毕业前夕，需来京找单位实习，我毫不犹豫地帮她进了《中华》。我告诉她：你进去后就会知道老爸为什么要你进《中华》。

《中华读书报》在读书人圈里口耳相传、声光远播，因而只要在《中华》发过文章，就易被人记住。我在外地开会时，曾多次有人当面对我说在《中华》读过我的文章。2007年8月22日《中华》“家园”版刊发了我的《冯友兰的得意之作与学术散文》，29日上午接到舒晋瑜的电话，告冯友兰先生的女公子、北大冯宗璞教授见文后问晋瑜我的电话，要与我联系。很快我就接到了冯先生的来电，她说在《中华》读到我的文章很是感激，家父的散文确实写得好，最近三联书店新出了家父的书，一定要送我一套。第二天上午，我去办公室，就收到了冯先生快递寄来的三联版“冯友兰作品精选”《贞元六书》六种与《南渡集》，还有冯友兰先生的《祭母文》《先妣吴太夫人行状》之影印件。我十分珍视，受之有愧，如此珍贵的赠书、文献全是因为《中华》“家园”与晋瑜的缘故。

打开《中华读书报》，里面的文章当然不是我篇篇想看，也不会篇篇去读，但她却是我书房中二十多种报刊（多为赠阅）阅读量最多的一种。我喜欢她的是那种“独一份”的格调与品位，就如同有人说过的这样一句话：“好书就像好情人，你一字未说，她已全然懂得。”平日里上网浏览时政思潮，左右网站都会看看，见之大有剑拔弩张、互掐打斗之势。偶尔在《中华》见到网上左右对阵人物的文章，似乎一个个都换了面貌，心气平和，一派谦然，这就是《中华》的气场与定力。我常想，国内倘能多几份《中华》这样的报纸，那中国文化就多了几脉清流。

《中华读书报》栏目丰富，精光内涵，特别是其中的“家园”“瞭望”“文化周刊”等已成响当当的品牌。有时读到使我服帖的妙文或有用的文献，我会顺手剪下来，但马上又责备自己将《中华》弄得“面目全非”是何居心。于是就在这矛盾纠结中，书房里的《中华》，还有其他报刊日积月累，越堆越高。每隔几年，总有使我痛苦万分的事情发生：我不得不将它们送出门去。当它们离我而去，进入回收商的收购摊，秤斤计价时，我的心仿佛滴着血：这无价的《中华》在资本配置的眼里，竟是如此一文不值！

唉，这就是读书人之苦，人生之苦，用佛陀的苦谛解释，叫做“求不得”之苦：谁能求来能安置《中华》等吾辈所喜所爱之书籍报刊的豪宅书房？看来此生只能望《中华》而兴叹了。

《中华读书报》属于光明日报报业系统，光明日报有自己的出版社，出版社与《中华》是兄弟单位。我常常想，《中华》在学术界、读书界有这么多的作者资源、选题资源，而且编辑力量强盛，如果光明日报出版社能与《中华》联手做书，那将会是一幅怎样绚丽的风景啊。因为从我私心说，我多么希望《中华》“家园”“瞭望”“文化周刊”还有“出版史”“书评”等栏目中的文章，能逐年选编出版，那可是一笔可观的精神财富。但在资本起决定作用的无奈现实面前，我的这一“献策”无疑是一厢情愿的白日梦而已。

据说当今世界已进入了读图时代、网络时代、数字化时代，又据说碎片化、快餐化、数字化阅读已是大势所趋，那些预言家更是斩钉截铁地宣称：纸媒将亡，报纸将被电子媒介取代。呜呼，如果这真被“不幸而言中”，那么十年之后、二十年之后，我可亲可爱的《中华读书报》还会存在吗？每周三下午那“消得浮生半日闲”的幸福时光还会继续吗？在庆贺《中华读书报》创刊二十周年之际，我只有默默地祈祷上苍：愿《中华读书报》这一“读书人的精神家园”，在十年、二十年……之后，还能继续存在，继续举办中华办刊N周年纪念的“我与中华读书报”征文活动。诚如此，则吾辈有幸，读书人有福矣！末了，书联一幅，以志庆贺，以寄心迹：

创刊二十年中华读书报不愧为吾辈读书人精神家园声光远播上善若水；

逍遥几万里京城珠市口果真是尔曹文章家砚耕福田精气内涵下笔有神。

横批：纸媒不亡

（2014年3月30日）

南窗读书自从容

忙碌了快半年，学校放暑假了。先去河北白洋淀、云南昆明、京郊红螺寺开了几个会，日子终于变得悠闲起来，于是可以关起门来随意翻阅书刊。随意翻阅实在是一种难得的精神享受，没有负担，不必为赶写“命题”文章（如约写书评、作序什么的）硬着头皮去啃书，完全是信马由缰，随心所欲，抓到什么就读什么，翻开什么就看什么。这天随意翻阅的是书桌上的一大堆报刊图书。

首先是《新华文摘》，这是我长年自费订阅的报刊之一。浏览刚刚收到的2007年第13期目录，周有光先生的《中国语文的时代演进》一文立刻吸引了我，一口气将它读毕。《中国语文的时代演进》论及日、韩、朝、越等东亚儒学文化圈或汉字文化圈诸国在近现代对待汉字态度的演变过程：“在‘汉字文化圈’中，日本首先努力于语文现代化的建设，明治维新（1868）之后，普及国语，进行假名规范化，实行全面的汉字注音，发起罗马字运动。战后进行公文改革，规定常用汉字1945个，法律和公文用字以此为限，公布法定的日语罗马字（训令式）。日文已经从汉字中间夹用少数假名，变成假名中间夹用少数汉字。朝鲜改用表音的谚文字母，废除汉字。韩国沿用汉字和谚文字母的混合体，一般出版物用1800个汉字，小学不教汉字。越南独立后采用拉丁化拼音文字，废除汉字。”

周有光先生此文告诉我们：原来在中国周边的这些国家，都曾在历史上崇奉中华文明，连文字也是古中国的汉字，只是到了近现代，才改弦更张，不太怎么看重汉字了。汉字之运道，实在与中华文明的昌盛紧密联系在一起。据报载，现在世界各地已有53个国家创办了155所专门学习汉字与中国文化的孔子学院。当此背景下，日、朝、韩、越等国是否也会对汉字产生新的想象呢？

新世界出版社祝晓风君前不久来谈事，送我三本新世界新出版的书，我都喜爱，尤其是马来西亚萧遥天著的《中国人名研究》。该书早在20年前的1987年已由国际文化出版公司出版。1987年10—11月，我从重庆来北京，参加中国作家协会的一个评奖，住在八里庄的鲁迅文学院。11月1日在沙滩五四书店购得《中国人名研究》，当时在扉页题记了这么一段文字：“今日北京雨雪后转晴，与吴其南去首都图书馆查阅资料，特驱车沙滩，在沙滩五四书店识是书。”记得当时的沙滩一带有不少书店、书摊，五四书店的店面很大，书的品种也很多（而现在却是小了许多）。

我为什么特别要说萧遥天的这本书呢？因我当年不知天高地厚，居然研究起中国的姓名学来，写了一本37万字的《华夏姓名面面观》（该书由广西人民出版社1988年5月出版，1992年重印）。我在鲁院的那些日子，正好收到责任编辑寄来《华夏姓名面面观》的封面设计样稿。一本37万字的著书即将出版，而且是研究中国姓名学的“拓荒之作”，自然免不了有点得意。但当我购得萧遥天的《中国人名研究》，方知“莫道君行早，更有早行人”，一口气读毕全书，实在益我良多。对照我写的那本拙著，可以补充不少中国姓名学的学问，但我那书已经下厂付梓，无法吸收萧氏的精华，实在有点遗憾。

姓名学研究涉及历史学、文化学、符号学、语言学、民俗学、社会学等诸多学科，需要多方面的知识修养。也正是在撰写《华夏姓名面面观》的过程中，我的知识结构与学术训练得到了一次严格的提升，逼着我读了不少书，思考了不少问题。而当我读毕萧遥天的《中国人名研究》后，方才明白姓名学专著还可以这么写，学问还可以这么做。香港名儒饶宗颐先生在序言中评价道：“萧兄此书，既有系统的安排，又极尽分析的能事，特别以诙谐的姿态，生动的笔调写出，娓娓动听，处处引人入胜，绝无考据枯燥的毛病，这是他最成功的地方。”我把萧遥天此书奉为研究姓名学的至宝，经常翻阅，以至于书中内容烂熟于心。有一次我在西北某大学的学报上读到一篇研究上古人物名号的“论文”，一眼就看出是抄袭萧遥天的，立即写信给该学报“举报”此事。

《中国人名研究》如同老朋友一般与我相处了整整二十年，因而当祝晓风君送我此书的新版时，怎能不欣喜有加，大有故友重聚之感。新世界版的《中国人名研究》增加了萧遥天的公子萧思齐先生写的一篇回忆文章《艰难闯学海，彩笔著华章——忆父亲萧遥天先生》，开本增大了，定价也从20年前的2.10元调高为29.80元。

时下姓氏寻根、取命方式类的书可谓比比皆是，成为出版界的一个热门选题。但恕我直言，这类书绝大多数是你抄我我抄你，甚至张冠李戴，鱼鲁亥豕，错漏百出。而像萧遥天《中国人名研究》这样真正专精、确有见识的书实在少之又少。行文至此，我忍不住要为新世界新版的这本书做一次宣传：这是研究中国姓名文化的最好的一本书，借用书中张大千的话：“萧遥天的笔墨很深刻，是融诗、书、画于一图的文人画中的佼佼者。我常随身携带其散文集，暇时品读，深感可醒倦眼，诱发奇思。我在千千万万人面前推荐，这便是信物。”

《李德生在动乱岁月：从军长到党中央副主席》（中央文献出版社07年版）是我前不久去昆明时在首都机场候机时买来的，定价55元。一介书生书柜所藏的人物传记均是清一色的学界、文坛中人，怎么会对军界产生兴趣呢？原来，李德生是我年轻时当兵的军长。

1967年7月，正值全国“文化大革命”武斗高潮时期，安徽两派为夺权闹得不可开交，一派说1月26日夺省委、省政府的权“好极了”，被称为“G派”；另一派说夺权“好个屁”，被称为“P派”。两派争吵不休，江淮大地武斗不断升级，毛泽东主席当机立断，急调十二军进皖，周恩来总理亲自召见十二军军长李德生交待任务。这年8月，李德生率领驻扎在苏北地区的十二军通过公路、铁路开赴安徽，当时十二军的代号是6408部队。

就在6408部队进驻安徽“三支两军”不到半年，1968年3月，18岁的我以“知青”身份从浙江上虞应征入伍。4月20日，安徽省革命委员会在合肥宣告成立，李德生军长出任省革委会主任。巧的是，我从新兵连受训结束后被分到的连队，正好是安徽省革委会警卫连。连队驻在合肥市长江路的省革委会（现安徽省政府）大院里，我们经常能见到李德生等首长进出省委革会办公大楼的忙碌身影。

“一年新，二年老，三年打背包。”在部队我是普通一兵，什么进步也没有，三年后就退伍了。我所在的连队曾调防过多次，离开部队不久，听说连队调防去了蚌埠，自此失去联系，再也没有见到过当年的连队首长与同班战友。但我们的李德生军长，则经常能在报纸、电视上见面，李军长后来成为中央政治局委员、党中央副主席、总政治部主任、北京军区、沈阳军区司令员。

在部队，四个口袋的连长、营长都是大官了，对军长自有仰视泰山之感。但李德生军长非常平易近人，每逢春节、建军节，他总会到警卫连看望战士。他那双又大又厚的手，与列队接见的战士们一一相握，嘘寒问暖，至今我还能感受到那双大手的力度与热度。

《李德生在动乱岁月》一书，由曾经担任过李德生秘书的原解放军报社社长祝庭勋少将撰著。这部32万字的传记，让我这个当年的小兵在相隔30多年后，有机会了解到当年十二军最高首长的传奇经历与起伏人生。很多当年的未解之谜以及安徽“文革”故事，在这本书里得到了生动详尽的解析与破译。这是我在暑假“随意翻阅”的一本难忘的书。

需要附记一事的是：我自1971年退伍后，再也没有见到过以前的战友、首长，但使我做梦也不会想到的是，就在我任教的北师大，竟会遇到一位十二军的战友。这位战友就是著名俄罗斯文学研究专家、翻译家，北师大外语学院郑海凌教授。

我们是在一个极其偶然的场合相识的，聊起过去的经历，原来大家都曾当过兵，而且都在6408部队十二军，但当时不在一个连队，互不相识。郑教授在部队的进步很大，从战士到推荐上大学，到空军联络部干部，再到北师大教授，可谓直线上升。而我退伍后，则经历了铁路火车司炉、考大学（1977级）、考研、高校任教的坎坷经历。

那天，当我们一起聊起6408部队与曾经见过面的李德生军长（李军长今年应是91岁高寿了），真是感慨万千，人生如梦而又比梦更富传奇色彩。当年十二军里的两个小兵，无论如何也不会想到以后会成为北师大的教授。因而当我兴致勃勃地看完《李德生在动乱岁月》后，立即打电话给海凌教授，向他推荐这本书：这本书让我们能够完整清晰地了解李德生军长——尽管当年李军长根本不会认识我们这两个小兵，也不会知道他的军中会有这样两个名叫郑海凌与王泉根的战士。

（2007年8月5日）

闲坐小窗侃读书

中国文学史上有两位作家的祖籍一再激起人们的研究兴趣，一是写《金瓶梅》的兰陵笑笑生，一是写《红楼梦》的曹雪芹。兰陵笑笑生只是一个笔名，作者究若何人？祖籍何处？至今尚无从破译，成了中国文学史上的第一悬案。至于曹雪芹的祖籍，经众多学者穷半个世纪之研究，已考证出河北丰润与东北辽阳两说，但至今仍无定论。据1996年8月7日《中华读书报》报道，最近又有人写了一本《曹雪芹祖籍考论》的专著，肯定曹的祖籍为丰润，但持异疑者马上又会出来反驳。

看来，做学问要出名也容易。今之学界，谁能考证出兰氏或曹氏的确切祖籍，管保他声名大炒，不但可博得“金学家”“红学家”的头衔，还肯定能得到有关县市的重奖——那些热衷于“文化搭台，经济唱戏”的地区正苦于找不出本地出生的名人而犯愁呢。你能考证出兰或曹的祖籍就在他们县里，那不等于送去了一大笔无形财富么？

但行文至此，转而一想，又似觉不妥。假若真有学者考证出了兰陵笑笑生与曹雪芹的确切祖籍，且得到学界一致首肯，那岂不会使许多“金学家”“红学家”无事可做？原本热热闹闹熙熙攘攘你方唱罢我登台的金学界、红学界岂不会一下子冷清下来？还有，有关的研究会、联谊会、协会、沙龙岂不会因此而断了活计？那些本指望通过兰、曹研究而出书扬名评职称赚稿费的学人岂不会立马下岗待业？

所以，为以上考虑计，学问还是不能做绝，最好做得如同浮出海面之冰山一角，若隐若现，月迷津渡，雾失楼台，山在虚无缥缈间。似乎做成了，但似乎还未做成，这样，才能有商榷有质疑有辩难，学界才能不寂寞，大家才有事可做。——不用说，这是笔者戏言。倘若真有高人考证出了兰曹两位的确切祖籍，学识超群，独树一帜，当然很好。

闲坐小窗翻杂书，由此又想到了读书。积余数十年读书之心得，窃以为读似懂非懂、浮出海面的冰山之书，最有味道。世上的书，按懂与不懂可分三类：第一类，一看就懂，一览无余，读了一边不想再读；第二类，久看不懂，头皮发麻，只好束之高阁；第三类，看得似懂非懂，似通非通，于是兴味盎然，越看越想看，越看越有味。

十多年前，笔者偶然读南宋郑樵著的《通志·氏族略》，此书讲的是中国人的姓氏寻根，但所述过于简略，看了不过瘾，同时又有许多涉及上古史的内容看不懂，于是又去图书馆借阅同类读物。自此生发起对姓氏文化的阅读兴趣和研究兴趣，似通非通，似懂非懂，乐此不疲，持续至今，看来这一兴趣还将保持终生。

为何看似懂非懂之书最有味道呢？这里的妙处在于引人思考，启人钻研，步步深入，渐入佳境。北京大学谢冕教授对此有这样一段说法："阅读更深层的意义，特别是对于专业人员而言，恐怕还在于了解'为何说'以及'如何说'。就是说，通过阅读前人或他人的著作获得提炼、归纳、表达观点和见解的能力和经验。"（《中华读书报》）读似懂非懂之书，正可得此个中三昧。

南怀瑾劝他的学生有两类书必须要读——佛学与周易。其原因在于"这两门学问，穷一辈子之力，并不易学通，也不需学通。不学通，永远追求不到，似通非通的那个样子，其味无穷，一辈子有事消遣——老了也不寂寞，越研究越有趣。""若是学通了的人，把人生看得一清二楚，透透彻彻，这个人生还有什么味道？还有什么美感？隐隐约约蛮好。拉开人生的内幕，一览无余，那就一点都不艺术了。"（南怀瑾：《历史人生纵横谈》）

清人张潮《幽梦影》曰：“少年读书如隙中窥月，中年读书如庭中望月，老年读书如台上玩月，皆以阅历之浅深为所得之浅深耳。”人生苦短，谁也无以在有涯之年读懂一切。作为生命曾经存在的实证，读书的妙处正在于我曾经如此阅读过、思考过、求索过。我读故我在，我思故我在。

（1996年8月18日）

京城逛书市的幸福感觉

身居北京，作为读书人最大的“沾光”与乐惠就是与书接触的机会实在太多太方便了。且不说西单图书大厦、王府井新华书店、三联书店、琉璃厂书店等众多大型书店随时可以光顾，也不说国家图书馆、国图古籍馆、首都图书馆珍藏的使人眼球发亮的图书随时可以借阅，光是北京一年一度的全国图书订货会、国际图书博览会就足以让我这个读书人乐不可支了。书店、书市、图书馆各地都有，只是规模大小不同而已，但全国图书订货会与国际图书博览会绝对只是北京的“独一份”，外地读书人想要光顾就得火车飞机专程赴京，即使有条件也不可能年年都来。但作为一名北京的读书人，这就容易多了，只需出门打的即可前往，而且可以在第一时间看到全国各地“新鲜出炉”的全部新书。

书业界的朋友告诉我，全国图书订货会、国际图书博览会、全国书市，是国家新闻出版总署确定的全国书业界三大盛会，其中订货会与书市已发展成为世界最大规模的华文图书交易大会。全国书市自1989年在北京举办首届以后，移师京外，由各地省会城市与直辖市轮流做庄接龙，但订货会与博览会则固定在北京举行。近水楼台先得月，因而这就使北京的读书人大大地沾了光。

首届图书订货会于1987年5月在劳动人民文化宫举行，当时的名称叫“首都第3届社科书市暨第1届首都社科图书交易会”。虽然初次交易会类似集贸市场，但却打破了书店“隔山买牛”的传统做法，将从前拍脑袋看书目的订货方式改为看得见摸得着的图书实物订货方式，因而大受出版方与书店方的欢迎。从此一发而不可收，规模越办越大，展台越来越多，成交码洋越做越喜人，由首届的600多万元，增加到2005年的30个亿。订货要赶早，因而全国图书订货会一般都在新年伊始的1月上中旬举行，举办的地点先后有劳动人民文化宫、玉泉饭店、工人体育馆、亚运村、中央党校、全国农业展览馆。自2000年第14届起，固定在北三环东路静安里的国际展览中心（国展）。订货会以卖书为目标，参展的主体自然是买卖双方——全国数百家大大小小的出版社与各地成千上万家国营民营书店。一年的码洋主要就看这一茬买卖，各地出版社往往是老总亲自坐镇，手下一大批发行、编辑忙里忙外。订货会除大量的书业界从业人员外，还有各路媒体记者，以及类似像我这样“混迹其中”趁机猛过一下书瘾的读书人。

订货会的业绩主要体现在成交码洋，为获取经济与社会效益的双赢，各家出版社使尽浑身解数推销自己的产品，广告招贴花样翻新，新书发布会、联谊会此落彼起，铆劲推出畅销书、常销书、时尚书，自然也有受众虽小但足以显示做书品质的学术精品书。作为挑剔的读书人，我的兴趣自然集中在后者。

这次在2006第19届订货会上，就有不少使我手心发痒立马想买的学术新书，如《季羡林回忆文集》《剑桥年度主题讲座》《历史学家的三堂小说课》《20世纪看得见的历史》《李广田传》《基督教世界科学与神学的论争史》《西藏之水救中国》《民国学案》《成吉思汗与现代世界的形成》《古罗马的儿童》《药物简史》等。铁凝的长篇新作《笨花》、刘庆邦的长篇《红煤》、21世纪年度最佳外国小说《美国佬》《你忠实的舒里克》《巴拉圭消息》、中国台湾散文名家林良（子敏）的《小太阳》等，也都着实使我心动。

《小太阳》是台湾家喻户晓的散文集，其知名度仿佛冰心的《寄小读者》，作者从父亲的视角，描写一群像小燕子一样的儿女以及日常家居生活。林良的气质与文笔颇似丰子恺，温情、真切、幽默，又满蕴着童心与诗心。该书由林海音夫妇创办的纯文学出版社1972年出版，迄今已连续印刷了一百多次，以至于在台湾出现了数代“小太阳迷”，有的小读者写信给林良，要求亲爸爸下岗，换他做爸爸。我在1995年访问台湾时，曾得到过林良先生的签名赠书，我当时就惊叹台湾除三毛、琼瑶外，还有林良、林海音这一路“纯文学”作家。但遗憾的是《小太阳》一直没有内地版，这次终于由湖北少年儿童出版社将其列入“百年百部中国儿童文学经典书系”出版。我在湖北展区前，久久徘徊，心存感动。当天下午，我的一位热心做图书推广的博士，知道已有此书后，立刻与出版社联系，要求购买120本《小太阳》。看来，好书不愁找不到买家。

穿行在熙熙攘攘的人流之间，望着琳琅满目的各色图书展台，最大的遗憾就是只能看不能买。而事实上，这么多的新书即使想买也没有哪一个读书人能买得起，能在第一时间零距离“亲密接触”这些新书，过一把逛书瘾，就已足够幸福了。

人民文学出版社的最新修订版《鲁迅全集》18卷，我一本本将它们打开，再读一读那些熟悉的篇名与段落。修订版增收了鲁迅佚文23篇、佚信20封等，共约10万字，同时新增注释1000余条，是迄今最完整权威可靠的鲁迅版本。

《中华读书报》曾在2004年以整版篇幅介绍过的民国第一

奇书《尘世奇谈》10卷本，这次终于在山东文艺出版社展台上一睹真容，这部360多万字800回的长篇白话章回小说，记录了一代中国人与家国命运的风云变迁，可以弥补中国现代小说史的某种或缺。庆幸的是，这部奇书散落民间尘封60年，依然完璧无损。

来到浙江展区，我感到特别亲切，听着家乡方言，翻阅由《西湖通史》《西湖全书》《西湖文献集成》三个系列所组成的“西湖丛书”，眼前不禁浮现出70年代初期我在杭州度过的那段生活。当时所有的西湖景区包括灵隐寺、孤山、六和塔，任由游客出入，不需购买门票。我还曾与一位初中同学，在黄龙洞一边泡茶，一边复习功课，后来那位同学考取了南京工学院。品赏着装帧精美的由3000万字组成的“书中西湖”，不由脱口而出白居易的词句：“江南忆，最忆是杭州。山寺月中寻桂子，郡亭枕上看潮头。何日更重游？”

因为追忆第一故乡，脚步不由自主地来到了第二故乡——我曾生活过二十余年的重庆展区，迎面大幅广告煞是动人：“听巴山夜雨，品渝州书香。热烈庆祝重庆出版社成立55周年。”渝版图书之所以能走出巴山渝水，靠的就是巴人那一种敢为天下先的精神。2005年重庆出版社作为中国唯一出版单位，参加了全球30多个国家出版社参与的环球出版行动——

“重述神话”系列丛书，在推出著名作家苏童重述的孟姜女神话的同时，还推出了《重述神话·中国卷》，在业界产生了“神话重庆”的轰动效应。

说来也巧，我在订货会上遇到一位《出版参考》的编辑，在她送我的新刊里恰好就有一篇重庆出版集团总编辑陈兴芜雄心勃勃的文章：“‘十一五’期间，在主业发展方面，重庆出版集团力争在图书规模和经营业绩上，在2005年基础上翻一番，2010年达到出书1200种，销售码洋突破8亿元，销售收入达到5亿元。”我衷心祝愿重庆出版集团心想事成，也祝愿全国大大小小所有出版社的“十一五”规划早日实现，你们所做的一切，还不都是为了我辈读书人吗？

漫步在国际展览中心书的海洋，望着眼前“熙熙攘攘，皆为书忙”的书业界从业人员——做书的出版社老总、编辑，贩书的书店经理、店员，为书吆喝的媒体记者，真正是“谈笑皆书人，往来无白丁”。我的内心除了感动还是感动。一介书生向你们说声谢谢了：正因为有你们的辛劳，方使我的案头拥有看不完的新书、好书。

（2006年1月12日）

笔名、网名及其他

数年前，我曾在《中华读书报》刊发过一篇小文《现代作家的笔名艺术》，引起一些同好的兴趣，还被收入了岳麓书社出版的《我的笔名》一书。我在那篇小文中所谈使用笔名的作家，大都是20世纪的人物，有读者希望知道当今作家使用笔名的情况，这就触发了我写这篇小文的兴致。当今文坛的笔名实在没有多少风景，但三言两语似也说不清楚，个中委实有着使人“感慨系之”的语境。

笔名是作家诗人、文人墨客摇笔杆时题署的别名、化名。现代文坛曾大兴笔名之风，几乎每位作家都有笔名，有的多达十几个、上百个（如鲁迅），因而研究现代作家的笔名，已成为现代文学史料学的重要内容。但是，随着现代作家的逐渐远行，笔名的破译也越来越难。诚如现代文学研究专家陈子善所言：“发掘笔名的最佳时机已经丧失，笔名已成为中国现代文学研究进一步深入的一个制约。因为许许多多笔名已随着作家的缄口或离世而成为永久之谜，换言之，不少作家的一部分极有价值的作品很可能由于其笔名无法考定而散佚，这实在是无可挽回的损失”。（董宁文编《我的笔名》第14页，岳麓书社2007年版）

幸亏20世纪有一些有心人爬梳勾稽、通信调研，发掘了大量现代文坛的笔名资料，得以使我们还能从中获悉珍贵的笔名信息。其中最重要的研究成果当数徐乃迺、钦鸿合编的《中国现代文学作者笔名录》（湖南文艺出版社1988年版），此书我有一本，一直珍藏在书柜。另据悉广西师范大学出版社2002年也出有一本朱宝梁编著的《二十世纪中文著作者笔名录》，惜未购得。徐乃迺、钦鸿是现代文学史料学专家，20世纪80年代，他俩先后发出4000多封信函，直接向健在作家或已故作家家属调查笔名，并记录了数千张笔名资料卡片，最后终于编写出煌煌113万字、共收现代文坛6000余人、笔名（包括字、号等）3万余个的《中国现代文学作者笔名录》。

笔名数量之多、笔名艺术之丰富多彩，已成为镶嵌在现代文坛的一道亮丽风景。比较而言，当代文坛的笔名风景却要单调得多。当代作家一般很少使用笔名，即使使用笔名的作家其笔名数量也不多。笔者近因兴趣所至，在编写当代文坛笔名与原名对照表的过程中，深感笔名艺术似乎已离当代文坛而去。

如果说20世纪五六十年代的作家，还爱使用笔名的话（如柳青、杨沫、魏巍、流沙河），那么进入改革开放的八九十年代以来，使用笔名的作家却是越来越少，现在如果要编写一本类似徐乃迺、钦鸿那样的笔名录（《中国当今文学作者笔名录》），我想大概有5万字就不错了。当然，当今文坛也有一些响当当的笔名，如莫言（原名管谟业）、苏童（童忠贯）、贾平凹（贾平娃）、刘恒（刘冠军）、二月河（凌解放）、北岛（赵振开）、海子（查海生）、梁晓声（梁绍生）等，但数来数去也就是那么数十个笔名大家比较熟悉而已。当今文坛的绝大多数作家都是以原名刊文行世，而不再以笔名引人眼球，如王蒙、铁凝、陈建功、陈忠实、王安忆、叶辛、李存葆、蒋子龙、何建明、张平、王朔、韩少功、周梅森、曹文轩、秦文君、张之路、杨红樱、叶永烈等等，至于70后、80后的韩寒、郭敬明、张悦然、饶雪漫等，更是不再以笔名行世了。为何当代文坛的笔名越来越少？究其原因，拙以为主要是与当今社会奉行的“实名制”有关。

所谓实名制，即每位公民只能拥有一个登录在户口簿、身份证上的姓名，无论是银行存取款、邮局取汇款、购房按揭办房贷房产证、乘飞机办机票以及工作证、驾驶证、工资卡、公证书、医疗证等，都只认身份证上的那个姓名，其他一律免谈。这就是现代化社会的“一名主义”。一名主义实际上已否定了笔名的存在价值，因为笔名不仅不方便，还会带来诸多麻烦事儿。

中国社会科学院文学研究所原所长许觉民从抗战时期开始一直使用笔名“洁泯”，以前觉得很好，但在实行实名制的当下，却带来了不少麻烦。他在《我的笔名由来》一文中不无感慨地说：“这多年来，邮局实行真实姓名汇款之规定，写作的人总有稿费寄来，寄发的报刊单位总用发表者的笔名的名字作收款人。这样，领款证件上的真名与收款人的笔名对不上，就领不到钱。我多次因收款人用笔名问题，出示了身份证和作家协会发给的会员证，会员证上有我的笔名。回答说不相干，只认定身份证为准。我于是将汇款单寄还报刊社，请求改正真名后寄来，有的拖延几个月后重新办理，有的不予理睬。至此，我省悟到笔名已不可用，原想要文雅一些，但已雅不起来，只好以粗俗的本名署名写文，从此还俗了。”（董宁文编《我的笔名》第205页，岳麓书社2007年版）

类似许觉民因使用笔名致使日常生活造成麻烦的现象，在当今作家中时有发生。我曾听评论家雷达（原名雷达学）、诗人金波（原名王金波）、儿童文学专家韦苇（原名韦光洪）说过，他们因常用的这一笔名与身份证上的原名对不上号，而给乘飞机、取汇款、办证件带来诸多烦心事，甚至还要单位开具证明。正因使用笔名有此种种不便，因而现在很多作家已经放弃了笔名。虽然也有人仍在使用笔名，但笔名的雅兴已经大打折扣。这就不免使人发问：现如今笔名还有存在意义吗？为何从前文化人的种种雅兴如今越来越少了呢？

其实字、号、笔名、斋名之类，都是农业社会的文化产物与符号。农业社会的文化人可以慢悠悠地拂拭古简古笺，写三两行字，啜一碗清茶。理想的风景是像苏东坡、欧阳修那样的瓦屋纸窗，灯檠茗碗，窗外有松有竹，一边听着秋风，一边随意翻书，天黑了更有“红袖添香夜读书”的快意。或者如同周作人在《雨天的书》中所记：“在江边小屋里，靠玻璃窗，烘着白炭火钵，喝清茶，同友人谈闲话”。当此时也，彼此互通字、号，唱和诗词，聊聊近作题署的笔名，扯扯文坛掌故，那实在是最好的话题。只可惜，这种好风景在“现代化”的现在已是月朦胧鸟朦胧了。

现代化讲快，讲效率，讲速度，所谓时间就是金钱、效率就是财富，自然容不得你在那里慢悠悠地显摆什么笔名、斋名、字、号了。现代化社会讲的是高铁、动车、手机、电脑，什么都要快，越快越好，越简单越好。因而不但字、号早已弃之不用，笔名斋名也久已生疏，而且眼看连姓名符号也要被一连串数字代码“数字化”了。什么身份证号、工作证号、驾驶证号、银行卡号、牡丹卡号、信用卡号……什么都是代码，什么都是数字。在快节奏的数字化时代，“一名主义”无疑是最适合时代需要的姓名制度了。

笔者曾与友人谈及，与农业社会的文化人相比，今天的文化人丢失了什么？拙以为至少有三件东西已经丢失了：一是表明个性的字、号，二是用来寻根的家谱，三是交流性情的诗词唱和。

过去的文化人对于名、字、号十分重视，十分讲究，不但人人既有名又有字还有号，而且如何使用名、字、号直接关联着一个人的素质与品性。具体的做法是：自称用名，以表谦卑；嫡亲尊长对晚辈，师长对弟子，位高者对位低者，也可直呼其名。晚辈对长辈，弟子对师长，位低者对位高者，平辈之间称对方尊长，均须尊称其字，以示敬重；平辈之间亦可彼此称字，以示礼貌（当然亦可互称名）。由于对人尊称常用“字”，因而过去“字”的使用率大大超过“名”。至于号，其作用与笔名相似，用以体现文化人的自由意志与志趣，因而自称、他称均可称号。20世纪前半叶出生的那一代文化人，还保留着浓重的字号传统，称人、自称亦必依礼而行。

国学大师、北师大中文系教授启功先生（1912—2005）

晚年曾遇到过一件使他十分不快的事：安徽某出版社筹划出版《陈垣全集》，有编辑找到北师大，诚请启功先生题写书名。启功先生十分为难，因为陈垣先生（字援庵，斋名励耘）是他的恩师，哪有弟子可以直呼师名的道理？启功先生推辞再三，而那位编辑不懂个中原委，则是坚执再三。启功先生最后只好提出，《陈垣全集》的书名他无论如何不能写，如果一定要写，他就在扉页另书："陈援庵先生全集　受业启功敬署。"

这就是那一代文化人的素养与作风，只可惜这些文化传统已经渐行渐远模糊不清不为世人道了。在快节奏的浮华年代，如果现在还有人在使用字、号，讲究笔名、斋号，那简直就成"出土文物"了。

但是，世上的事总是扑朔迷离，就在当今作家几乎都要放弃笔名之时，网络上的"网名"却一片红火。君不见，几乎所有网络发帖、跟帖的作者，都不具实名，而是"网名"。随便点击一下，就可搜到一大堆，什么东海浪人、五岳散人、中原龙、我行我素、小迷糊、伊美妹、白开水、北行剑客、世纪宝贝、大头儿……这些"网名"千姿百态、千奇百怪、千红万紫、千变万化、千差万别，煞是好看。

如果说笔名的作用是为了隐身、灵活、多变化、便于发表文章，那么网络上的化名也可视为"笔名"。但如果我们深究笔名与原名之关联，则似乎“网名”又很难界定为笔名。因为现当代作家的笔名无论怎么变化，最终都能找到一帘幽梦后面的那位真人，而且绝大多数作家也愿意披露自己的原名与笔名，也即作家并不想最终隐瞒自然的身份，因而笔名专家才可以编写出《中国现代文学作者笔名录》《二十世纪中文著作者笔名录》那样的专书。但网络则是彻底的虚拟世界，使用“网名”者总是希望完全隐匿自己的身份，除了网络管理机构利用网络技术能够查到原名外，广大网民是无法搞清的。如果现在有好事者要想编写一本《当今中国中文著作者网名录》，那必将是一项永远无法确准、永无头绪的工作！

正因“网名”具有虚拟性、隐匿性、广泛性的特点，因而很难将“网名”界定为笔名。笔者的这一拙见不知是否合理，欢迎读者、方家有以教正。

（2010年5月）

科幻与生命

中国科普作家协会、中国科协科普部等单位召开的少儿科幻系列图书研讨会等活动，非常及时，非常必要。我首先是来学习的，再是来见见老朋友王晋康、刘慈欣先生，还遇到了这么多热衷科幻的新朋友超侠、马传思，等等，中国科幻大有希望。北师大与科幻文学有重要的因缘机遇，因为北师大曾有吴岩教授，我与吴岩有过很多合作。

少儿科幻是科幻的重要一翼，谈少儿科幻马上涉及一个问题：科幻要不要走近少儿？毋庸讳言，实际上包括科幻界曾经有过一个排斥少儿的阶段，至今也有人对少儿不以为然。十五年前的2003年，上海有个葛红兵写了一篇文章，说是不要把科幻的苗种在儿童文学的土里，认为这是科幻滞后的根本原因。我看后很快就写了一篇针锋相对的文章，题目是《该把科幻文学的苗种在哪里——兼论科幻文学独立成类的因素》。

我是针对当时科幻文学多年来受主流文学的蔑视、边缘化处境而发声的，我完全理解与同情科幻文学界急于独立成类、让主流文学接纳的心情，但20世纪80年代以后到90年代的现实却是科幻面临很多的排斥，连生存权都成了问题。有生存才有发展，面对生存权成了突出问题的时候还谈什么其他呢？但在当时的语境下，只有儿童文学界从多方面拥抱了科幻，从作品评奖、出版、评论，甚至推介科幻作家加入中国作协等，因而科幻与儿童文学从来都是声气相通的“命运共同体”。第二，更重要的是，科幻与儿童文学之间具有同源同根的精神血脉联系。我那篇文章谈到过这个问题，今天我想借此讨论机会，展开进一步的思考。

科幻文学与儿童文学之间最深刻最根本的精神联系是什么呢？我认为是生命性的问题。这两种文学最重要的价值实际上就是追求人类生命的不朽，追求生命的永恒，探索人类生命的本源。科幻文学与儿童文学都是面向明天、面向未来的文学，或者说都是未来入侵现实的文学。它们一致地面向未来，思考未来，追求未来，一样地都是“向前看”的文学，即使在叙事中往回看也是为了未来的目的。对未来的思考很大程度上就是追求我们人类的生命，我们人类的生命如何能够永恒下去，如何找到不朽的价值，所以科幻文学是真正地为我们人类提供自信的精神宝库。

人类最重要的自信就是对生命永恒的自信。宗教可以提供，但最终还是虚无。科幻看上去虚无，但最终却能打开“成功”的途径。人们常说二十世纪是实现了凡尔纳科幻小说中所提供的想象，将凡尔纳的科幻想象变成现实，不正是从根子上放大了人类的生命长度与深度吗？科幻小说所创造的机器人、克隆人、外星人等等，不正是人类希望生命永恒的艺术反映吗？《三体》用一种未来的宇宙观来看待历史，也用一种立体的时空观来看待现在，这是超越时代的眼界，更是超越有限生命、自信生命永恒的眼界。所以科幻文学带给我们的是光明、未来、自信的东西。

从生命角度说，谁代表了明天、谁代表了未来、谁延续了生命呢？那就是孩子、儿童、少年。中国本土哲学思维中有关生命论述的最高智慧就是老子的《道德经》。老子在《道德经》第四十九章中说：“圣人皆孩子。”陈鼓应这样注释：“有道的人使他们都回复到婴孩般真纯的状态。”在老子哲学中，儿童有着崇高的地位，儿童是自然之道与精诚之至的化身和象征。为什么孩子的境界是哲学的最高境界呢？因为这是生命的源头，生命的起始，是一切希望之所在，如朝阳初升，一切皆是新景，一切皆有可能。

中国文化有一个重要的特点，即不信上帝信自己，我命由我不由天。所以中国没有统一的宗教，中国生命哲学将自己的价值意义锁定在自己的承担之中。中国的生命哲学是有生命秩序的，这个生命秩序是回望、视今、向前三部曲。回望就是回过头来看前生前世，探寻一己生命之来源，我的生命是谁给的？这就是寻根追祖。所以中国文化中的历史特别发达，这是世界上任何国家民族难以企及的。国有史，国家有国史，从先秦开始就有记载；方有志，地方有方志，省志、市志、县志等等；家有谱，每个血亲家族都有自己的生命史的家谱。视今就是面对今世，追求今生今世的生命价值，经世致用，脚踏实地，幸福与成就是干出来的；向前是如何对待来生、后生后世，这就涉及生命不朽的问题。就士大夫、精英来说，追求的是立德立功立言的“三不朽”，就普通老百姓来说，是非常现实的传宗接代，是不是这样？这实际上是一种生命哲学观念。生命哲学观念对科幻文学、对儿童文学有着很多的启示。

在生命性这个问题上，科幻文学最能突显哲学价值。无论是刘慈欣的《三体》还是王晋康的《逃出母宇宙》，以及郝景芳的《北京折叠》等，都在探讨生命的问题，探讨我们人类的生命所面对的问题，今天的困境，未来的出路，突破的途径，可能的方法，向太空、向宇宙、向未知的时空、向永恒的遥远。时间之箭从现在射出，交织着偶然与必然，衍生出无数个未来……

科幻文学所想象的一切，创造的一切，预言的一切，最能震撼谁、感动谁、捕获谁？显然不是行将就木的老朽，也不是苦于生计的中年，而是生命如朝阳般上升、对一切充满希望与渴望的儿童、少年、青年。所以我们可以这样说：科幻文学是儿童的文学、少年的文学、青年的文学，是属于生命如同夏花般蓬勃开放的文学。

儿童需要科幻，科幻应当拥抱儿童。少年需要科幻，科幻应当走进少年。青年需要科幻，科幻应当扎营青年。今天科幻文学的生存环境已经变得非常好了，但如何做大做强科幻？依然存在着挑战。我认为中国科普出版社做得非常智慧，非常精准，这就是把科幻引向一个广阔的天地，让科幻拥抱少儿，对接儿童文学，最新出版的这一套包括王晋康、刘慈欣作品在内的《少儿科幻系列图书》就是一个成功的例证。作为科幻文学与儿童文学双栖作家的杨鹏，绝对是一个聪明人，他做到了中国科幻有史以来作品的最高发行量，为什么他能？因为他将自己的作品与一个广阔的未来生命世界融合了起来，将科幻文学与儿童文学很好地嫁接了起来。只有当科幻作品的想象力、思想力、探索力与青少年儿童这个无穷大的生命世界联系起来的时候，科幻才会有无限的发展潜力。

（2018年12月，一次会议发言）

潜耕堂札记

【前言】以下这些文字，犹如春之柳絮，夜之流星，云之苍狗，梦之浮影，忽然袭来，稍纵即逝。于是信手记录下来，日积月累，居然成篇。现摘取若干，以见一斑。

▲读书人如叫驴推磨

今读陈子谦着《钱学论》第一、二章，论及读书与读书人。钱钟书言：读书人如叫驴推磨，苦了累了，抬起头来嘶叫两三声，然后又老老实实低下头去，依然踏着陈迹。傅雷言：没有肉体的静止，不可能有思想的深刻。孟子言：无恒产有恒心者，惟士为能。——此皆言为学须守恒，读书须真正专心致志。余有时耐不住坐冷板凳，“书册埋头了无日，不如抛却去寻春。”（朱熹）捐书不读，非读书人也。谁让余这辈子选择了与书打交道（读书—教书—写书）这个职业呢？

（1995.01.28）

▲有深沉的静默才有渊博的内涵

下午阅台湾诗人林焕彰寄来的《钱穆先生纪念馆馆刊》创刊号（1993）及第2期（1994，此刊为年刊）：李霖灿文《怀念素书楼主人》，龚鹏程文《重新倾听他的声音》等。李文记：抗战时钱穆在西南联大，初到昆明时，每周二天上课，五天则住在深山中的一座古寺撰写《国史大纲》。二天上课不断地讲话，五天古寺作史五天不再说一句话（原因是寺中的住持很俗气，钱穆归寺后便不想再说一句话），如此数月下来，写成名著《国史大纲》。钱穆自谓生平再也没有遇到过这种整整五天不出一言的奇怪遭遇。有非常之时，有非常之事，有非常之人，才有了非常之书。有深沉的静默才有渊博的内涵。

又阅上月在市体育馆全国首届特价图书交易会所购《“窄门”前的石门坎：基督教文化与川滇黔边苗族社会》一书，此也是叙非常之时、非常之事、非常之人——20世纪初英国传教士柏格理在贵州西部乌蒙山区的威宁县石门坎一带苗族村寨传教，竟使一个屙屎不长蛆的化外蛮荒之地成为“香港第二”“海外天国”“西南苗族最高文化区”！真是闻所未闻，不可思议。

（1995.07.13）

▲两种读书

鲁迅说过，有两种读书：“一是职业的读书”——为吃饭而读书；“一是嗜好的读书”，——因喜欢而读书。自然，此两种不同目的的读书不是井然分明，一直如此，两者之间也会转化，合一的。有两种不同目的的读书，于是就有两种不同目的购书、藏书：一为职业计，一因喜欢起。

观余之藏书，约可分为三类：一为职业。因中文系执教的课程之需，于是就有现代文学、文艺学、儿童文学、文化学方面的藏书，当然，这里也不全是为了职业，更有喜欢的因子在里面。二为充实提升，如孔孟老庄类，中外经典名著类，及有关的类书、工具书。三为纯粹的嗜好，此即大量与“中国姓名文化”有关的图书。余立志完成中国姓氏制度史的撰写，数年来矻矻于此，访书、淘书也一直留意于此。

要而观之，余之购书、藏书、读书，缘于以上三者，或可说全是出于嗜好，也可说全是为了职业（文化人的“职业”）。所以余之藏书，无一本为闲书，无一本可舍弃。余爱余书，余爱余书斋，余在余爱之书斋中研读余爱之书，坐拥书城，寄身瀚墨，余真富翁也（精神富翁）余真大款也（书城大款）！

（1994.08.08）

▲有学问著述谓之福

阅日前在沪渝书店所购之《野客丛书》。是书为宋元笔记丛书之一，宋江苏长洲人王楙著。王楙乃一寒儒，平素清澹淡泊，刻苦嗜书，每有一得，即随笔而记，经七年，三易其稿，而成《野客丛书》30卷，可谓呕心沥血之作。“刻它一部稿”是学人最大夙愿，但王楙生前却未能将是书刊刻行世。后由其子多方筹资，总算印了出来，然印数不多，流传不广，又经宋末战乱，竟至无存。故元明间史志失载，世人罕知。幸有王楙十四孙，于明嘉靖年间，遍搜藏书，重行刊刻，这才流传至今。余所购之《野客丛书》，为上海古籍出版社1991年新版。

王楙真乃大幸。否则生前不传，生后又失传，心血所系，岂非虚掷？学人著述不易，刊刻印行更不易，此自古皆然，所谓“出书难”并非今日始也。余著述出版，也多经磨砺，或需包销若干，或以书代酬（稿酬），自办发行，劳不惮烦，但已出10书没有一本要余买书号自费出版。时闻学林中人，常为著述找不到出处而犯愁，甚或须自筹数千上万元资金方得出版。如此观之，余则大幸矣。清人张潮《幽梦影》曰：“有工夫读书谓之福，有学问著述谓之福。”余续貂曰：有著述不用买书号而能出版谓之大福。

（1994年）

▲人生一大快心事，清夜挑灯读奇书

今所阅之《异行传》即为一现代奇书。是书所记大都为现代人物的怪论奇行，如《记怪诗人徐玉诺》之特别行状：徐玉诺为河南开封人，曾参加过茅盾、叶圣陶等发起的文学研究会。20年代，徐在洛阳教书时，一天送客人到车站，及车将开，他又愿意送客到郑州，到了郑州，他又愿意一直送到北京。在北京坐困逆旅，一住数月，而他外出时既不告诉家人也不向学校打声招呼，害得他们四处寻找。谁知徐又陪送俄罗斯盲诗人爱罗先珂到东三省去了。后盲诗人返俄，他便在吉林一中教书，在吉林住厌了，又跑到福建，先后在集美中学、厦门大学任教。直到革命军北伐到河南，他才辗转回到开封。家人惊极而喜，以为做梦。如徐玉诺这等行径，送客一送数年，天下古今，大概再无二人了。

《异行传》系四川大学张默生教授之旧著，初版于1943年。1987年，重庆出版社杨本泉先生将是书列入“中国现代掌故丛书”重行刊刻。余在月前以半价购得此丛书之多种，惜尚有《黔滇川旅行记》《倭营历险记》《文人剪影》等数种未见。

（1996年）

▲儒学之演变

晚备课。《中国文化概论》已讲至儒学的发展演变，拟分六段述之：先秦为原生儒学时期；两汉为儒学经学化时期；魏晋为玄学化时期；宋明为理学化时期；明末清初后儒学之衰落；“五四”后之现代新儒家。为便于学生记忆，编了以下一段韵文：

原生儒学，孔子奠定。授徒三千，编书六经。

后传数派，大哉孟荀。性善性恶，观点两分。

汉纳董言，儒术独尊。读经成风，两经相争。

援道入儒，玄谈魏晋。率性贵无，得意忘形。

唐立道统，与释抗衡。韩愈原道，儒业再兴。

宋明理学，周张始成。三教圆融，天理为本。

理分三派，张载主气，程朱主理，陆王主心。

明清以降，西风频仍。儒学式微，新学日盛。

五四新潮，主义纷争。只手批孔，花果飘零。

从西从东，两难并存。新儒继起，特立独行。

（1997.2.9）

▲钱钟书读书法

有人因惊讶钱钟书满腹经纶，问钱怎么读书？读了哪些书？钱钟书轻描淡写地说：“也就是一本本看下来罢了。”

一本本看，不急不躁，沉潜向学。看一本，是一本，必细细读完，有所得；看个真真切切，弄个明明白白，有所悟。凡事无专精则不能成，读书亦然。那些真有思想，启人思悟的经典之作，必得细细阅读，一本本看下来，看多了，悟透了，胸中的“底子”也就厚实了。余反思90年代以来的近十年间，有浮躁之气，而乏沉潜之功，读书常是匆匆浏览，急急翻过，因而心存无根浮萍之恐慌。于写作，亦然，常弄短平快之文，半天一篇，一天一篇，而缺乏半年、一年不见报潜心著书做学问的冷板凳精神。总想图快，图多，结果三年下来，五年下来，蓦然回首，竟无留下一本厚重之作。思之惭愧，后悔。

专心向学，沉潜书斋。人之一生，精力有限，年寿有限，只能在一个“点”上精耕细作，获得成就，闪烁慧光，成为专家；而这一“点”，也就是生命价值的慧根圆相，生命智慧的觉行圆满。犹如世人仰望夜空中灿烂闪烁的星海，这一“点”就是你为世人所瞩目的星海中的一颗亮星。

（1999年10月3日）

▲曹子建一赋而功成

今闭门读书。第一次阅读建安文学“三曹”之曹植的《洛神赋》，惭愧。据《历代名篇赏析集成》卷二（高教出版社2009年版），原文并陈祖美的赏析文；又据《中国历代名赋大观》（北京燕山出版社2007年版）。曹子建独占天下八斗之才的声誉，多因《洛神赋》之斐然文采。子建以“质素也如秋蓬，摛藻也如春葩。汜乎洋洋，光乎皓皓”之绝妙好辞，写尽洛神之美，抒发一已“恨人神之道殊，怨盛年之莫当”的郁结与惆怅。此篇之主题既非“感甄”，亦非“寄心君王”，而是写出人人心中所有、笔下所无之人生“求不得”之苦，此乃佛陀“苦谛”之精髓也。香草美人，或是现实中之所梦所思所寄之真美人，或是臆想中之理想、目标、追寻之“美物”，但一无例外，均是“求不得”——上下求索，辗转反侧，“令我忘餐”，然终难获。安徒生童话《海的女儿》中之海底公主，愿抛弃海底300年之寿命而追求成为人间之人，最终也是“求不得”。《洛神赋》使人一咏三叹，也是因此而起。

“三曹”父子在建安文学中是代表中之代表，除诗赋写得好，同时又有自己的文学主张——强调文采。曹丕《典论·论文》中之“文以气为主”“诗赋欲丽”“夫文章经国之大业，不朽之盛事”。曹植《前录序》云：“君子之作也，俨乎若高山，勃乎若浮云，质素也如秋蓬，摛藻也如春葩。汜乎洋洋，光乎皜皜，与雅颂争流可也”。这是何等高格调“高大上”的艺术追求。正因有如此之文学观、文采观，曹子建笔下才能字字珠玑，刻画出中国文学史上的第一位“维纳斯”之美丽形象：翩若惊鸿，婉若游龙，荣曜秋菊，华茂春松。若轻云之蔽月，若流风之迴雪。皎若太阳升朝霞，灼若芙蕖出渌波。秾纤得衷，修短合度。瑰姿艳逸，仪静体闲。柔情绰态，媚于语言。转眄流精，光润玉颜。含辞未吐，气若幽兰……曹子建几乎是调动了当时能找到的一切美好词汇，将情感将梦想将追求将愿景全部集中在洛神身上。对女性之美如此之刻划，从形体到举止，从外貌到内质，在中国古代文学史上，曹子建是第一人，《洛神赋》是第一篇。曹子建凭此之赋，足以在古代文学史上占有不可撼动之地位。

（2016年）

▲众生皆有不同的活法

鱼有鱼路，虾有虾路，黄鳝泥鳅没有路，也要钻出一条路——此是绍兴俗谚。天下芸芸众生，熙熙攘攘（当你来到地铁站、火车站、北京王府井、重庆解放碑、上海南京路，你会真真切切感受到人之众，之挤，之闹），每个人都有每个人的活法，每个人的生存之道，每个人的喜怒哀乐，每个人的得意之处或失意败笔，每个人的心中秘密，每个人的梦幻追求，或大或小或浅或深，或清醒或糊涂，或明智或朦胧。人心相通，但人生各有不同，众生皆活着，众生皆有不同的活法。

（2002年5月30日）

▲学术专著应遵循三原则：诚信，创新，个性

诚信，即自我劳动，诚实研究。最低线不能剽窃他人成果，对所研究的对象应实事求是，无征不信。

创新，即具有创造性见解，创造性成果。学术研究不是

一种简单劳动、重复劳动，而是一种创新劳动。创新劳动是运用智能发明、创造新的产品。学术专著的价值与意义充分体现在有否为学术界提供新的创造性精神成果或新的发现、新的方法、新的启示。

个性，即个性特征。学术专著忌人云亦云，千人一面，应有研究者自己的个性，包括创新性，文采，语言等。学术智慧与激情是学术个性的显现。

（2002年5月30日）

▲对学生期末考试（撰写文章）的十六字要求：

自拟题目，自我劳动，自圆其说，字拟三千。

（2002年6月17日）

▲中西文化之不同

中国文化主张“人之初，性本善”，即“性善论”。因为是从人性本善出发，在此大前提下，若人行恶作恶不过是本性的扭曲变形，故要努力使人向善的方向转变，回归“本善”的本性中去。于是，中国文化特别提倡道德教育，以德育人、化人，以德治国，中国的道德文化才如此发达。道德文化强调人的内心、本性的修养与规范，“内圣”然后“外王”。

重道德，则重人的内心修炼，吾日三省吾身，此也养成中国人的“内向”“内倾”性格。

西方文化则认为“人性本恶”，上帝造人，亚当偷吃禁果，人生而有罪，人性本原就恶。如何惩恶？就得从外部环境、制度等方面加以规范，整训，这就产生了社会的游戏规则——法律。因而西方文化强调法治，依法治人，以法治国，法律文化大倡。

重法治，则重人的外部规范，以法为利剑，整训人与人的游戏规则，这就势必影响到西人的“外向”“外露”性格。

——中西文化之不同，此为一大端也。

（2002年9月23日）

▲“智者不争”的大智慧

世上有些事是永远说不清的，也是不必说清的。比如人是什么，比如生与死，比如是先有鸡后有蛋，还是先有蛋后有鸡。

智者对此的态度是：不争论，只做不说。典型例子，如孔子所言“不知生，焉知死”。生的大道尚且难以穿透，又何必去探询人人都摆脱不了的死呢。好好活着，享受人生，珍惜人生，创造人生的意义与价值，这就够了。孔子的态度影响了中国人的生命观：重今生，重现实，重进取。

什么是美？美是什么？这又是一个说不清的问题。20世纪80年代出现的“美学热”中，人们争论着种种“美”，梳理出种种“美”的界说，有美是主观说，客观说，主客观互补说，等等。但争论到最后，还是不了了之，谁也说服不了谁。最好的答案还是柏拉图在《大希庇斯篇》中的那句话：“连这美的本质都还茫然无知。……美是难的。”

人是什么？人从哪里来，要到哪里去？这又是永远说不清的“终极”课题。但人不必为寻找不到“人是什么”的准确答案（倘若果真有此准确答案）而苦恼，而犯愁，而放弃做人的自由与潇洒。虽然我们难以找到一个普遍都能接受的关于人是什么的定义，但这并不能阻止人的存在以及对存在方式与意义的种种探寻。人不是因为找到了“人之为人”的答案才去做人的，而是在做人的过程中各自去领悟“人之为人”的意味。倘若人整天都去争辩“人是什么”“人之为人”，那就不免饿肚子，还有谁去种地啊？

智者不争——不争论这些问题，好好活着。这是智者的大智慧。

古希腊阿波罗神庙上镌刻着一句苏格拉底的经典名言：“认识你自己。”苏格拉底只是提出了问题，没有给出答案。人如何认识自己，那是每个人自己的事情，不同时代、不同社会、不同民族、不同宗教信仰，各种各样的人都会给出自己的答案。不必争论“人应当如何认识自己”“如何认识自己才是准确的”。因为人生代代无穷已，正是在永无结论的过程中，人在发展着自己，克服着自己，寻找着自己，思考着自己，认识着自己，享受着自己，创造着自己，完美着自己。

老子说：“道可道，非常‘道’。名可名，非常‘名’”。可以用言词表达的道，就不是永恒的“道”，可以说得出来的名，就不是永恒的“名”。

智者不争，大智存焉。

（2002年11月30日）

▲完美主义的失败

完美主义者最有可能成为失败主义者。

完美主义太理想化，因而也太天真，总以为这世界上能够而且应当实现理想中的人和事，对爱情、对事业、对专业、对目标、对职位、对价值，一切都设定最高标尺，以理想的最大化作为奋斗方向。殊不知这世界本来就是不完善、不平等、不均衡、不圆满的，因而目标越高，奢望越大，最终也就失落越多，痛苦越深。

完美主义者太相信自己的力量，总是充满自信，满怀壮志豪情，所谓人定胜天，欲上青天揽明月，天上的月亮也能摘下来。殊不知人的精力有限，只有失才能有所得，欲得全反而必遭缺。什么都想圆满周全，结果什么都是竹篮打水，一个人同时追赶两只兔子，结果一只都追不上。

完美主义者总是事必躬亲，吃别人嚼过的馍没味道，因而人家做事总觉得不放心，不称心，不满意。如此一来必然忙碌，大事小事细碎事，事事关心，白天晚上节假日，天天忙碌。这是完美主义的必然生活姿态。殊不知，世无完人，事无完事，人生有涯，岂能事事躬亲，样样如意。

完美主义的精神与境界是值得尊敬、崇敬的，但不能效法，因为完美主义弄不好会“成事不足，败事有余”。太理想化，目标定得太高，反而会影响人和事的进展。

吴宓与学衡派是20世纪中国文化中的完美主义者。他们既要“昌明国粹”，又要“融化新知”，而结果遭到两头夹击。吴宓一生都在为“殉道殉情殉学术”而痛苦，不但对道的追求理想化，对情的追求也是如此。吴宓的精神显然使人崇敬，但其最后的效益却不得不使人遗憾与叹息——“好梦难圆成碎影，慰情无计剩劳歌”。吴宓从中青年起就发愿要完成三本传世之书的著述：一、诗集；二、长篇自传体小说《新旧因缘》；三、哲学笔记《人生要义》，但最终也只完成了诗集，原因依然是太完美主义。吴宓中年时在西南联大完成的用英文写的《世界文学史大纲》《欧洲文学史大纲》《文学与人生》三书，也因不断修订而未能及时出版，最后遭际世事变迁，人生变故，连这三部书稿的下落也查无觅处，实在可惜之至。倘若当年吴宓不追求100%的圆满，此三书即使以60%—70%的大半圆满度出版，对中国文化与中国文学也将是一独特之贡献。

检讨本人，也是一个完美主义的种子，虽做成了一些事，但也失败了一些事。例如：上海文艺出版社的约稿《中国文化百态大典》，从1994年动议立项起，迄今已过去了十年，不断补充，反复修改、务求圆满、周全（大而全）。结果——昨晚接责编林爱莲电话：社长总编已换了人，新领导提出版权问题、成本问题（规模大的书投入也大）……从林爱莲口气可以听出，此书出版的可能性已不大了。“要是在几年以前出版，当时版权意识还不明显，社长郝铭鉴十分看好这一选题，当时也就出版了，现在……”完美主义反使即将长成的果树横遭斫伐，眼睁睁地面对“功亏一篑”的苦果。

由《中国文化百态大典》一书之教训，使余不得不警惕手头正在“完美主义”之中的另一部书稿：明天出版社两年之前的约稿《新世纪中国儿童文学新观察》。此书在2002年底已交寄大部分文稿，为追求完美，一直被几篇文章（尚未完成或还要补充修改）拖压着。匆匆已过去了两年，再拖下来不是办法，责编徐迪南已来过多次电话催问。小徐虽然语气委婉，但一拖再拖也太不像话了。此书拟“快刀斩乱麻”，决定在最近杀青定稿，交由明天出版社及时出版。

（2005.1.4随笔）

〔补记〕《新世纪中国儿童文学新观察》最后于2008年交清书稿，于2009年7月出版，上下两卷，141万字。我在此书“后记”中，再三感谢明天出版社允许我一再拖延交稿时间。好在当时老社长刘海栖还在任上，如果换了领导换了出版思路，说不准也会遭际《中国文化百态大典》的结果。

（2014年8月23日）

▲年轻生命的三求

人生在年轻阶段重在拼搏，重在进取，重在创立。有三求与三成：

一是求学，目的在成才；

二是求职，目标在成业；

三是求婚，结果是成家。

孔子曰，三十而立，四十而不惑。一般而言，人生在三十岁之前应完成求学、求职、求婚的任务。基本达成：成才已有良好的奠基与发展趋向，获得较高学历与学位；成业，一方面指已有稳定职业，另一方面是已有创业的潜质与资质；成家，显然是已找到人生的另一半，结婚安家且已育儿生女。当然当今社会的年轻人也会将成家的时间推迟或采取“另类”求婚形式（如同居等）。

三十以后，人生应进入精进奋发、成名成家（此“家”系指教育家、文学家、科学家之事业成功者）、追求人生价值乃至“三不朽”之中年、盛年的黄金岁月时期。孔子曰：“四十而不惑，五十而知天命，六十而耳顺，七十而从心所欲不逾矩。”即此之谓也。现代社会六十以后将退休，下岗离职，然其正是人生经验最成熟阶段，自然也大有事情可做，前提是身体康泰。人之一生，学无止境，事业之追求，也无止境也。

（2005年3月29日研究生授课所讲）

▲文学与宗教

真正的文学是为人类提供超越现实尘世的精神（虚拟）空间，使人沉浸在文学世界时，忘却现实世界。但那只是短暂的，一旦掩卷，也就立马走出了虚拟空间，回到了现实，所以文学安慰人的心灵的作用是短暂的。

世上的一切宗教，无论佛、道、基督、伊斯兰，都以建立超越现实尘世的第二世界为指归，为人类建构起一个理想的精神空间。正是在这一点上，文学与宗教有相同之处，但宗教所建构的虚拟空间更能安抚人心，使人心沉浸其中而乐忘忧。因而宗教的作用比文学更久远，更广大。

（2007年3月12日夜记）

▲“文学”＝“文”＋“学”

古人的“文学”所指，显然不同于今天意义上的文学，古之“文学”由“文”与“学”两义组成。

文——与“言”对应。古代写作的条件十分艰难，或刻于石，或刻于龟甲，或刻于竹简，或书于帛，当能书于纸张，已是很进步很奢侈了。因而古人自然惜墨如金，十分强调“书写”的文字，强调文必有采——富于文采。“言而无文，行之不远”，此“文”是对应于言——平时日常说话的口头语言而言，口语可以大白话，滔滔不绝，但书之于器（石、龟、简、帛、纸）必须简精，而且必须深具文采，以尽可能少的文字，包容、反映尽可能多的内涵、思想、心绪、情感。文与言由此分家，文必具采，如同织锦，因而文章又叫“文锦”。

学——是指学养，内涵，指写作者的修养，高人一筹，非凡俗之辈，所谓“文质彬彬，然后君子”。

故，古之“文学”，连起来理解就是：富于文采，深具学养——凡能写出富于文采之人，必是深具学养之辈。因而，古代富于文采的随笔、奏章、书信、序跋、策论、箴铭、传状、碑志，甚至公务员的公牍（如表、议、疏、启、令、制、檄）都被视作“文学”。

（2012年2月28日晚给研究生讲课）

▲文学有什么用?

文学的终极价值，在于凝聚起历史与现实、上代与下代、人生与人性、社会与民族向上向善向美的力量。

虽然我们知道任何一部小说、任何一篇诗歌的力量没有这么伟大，但是，当无数的微小力量叠加在一起时，文学的伟大就显现出来了，它会引导一个时代的正气，凝聚一个民族的意志，升华一代人的精神。

反之，当无数充斥泡沫、垃圾、丑恶的所谓“文学作品”叠加在一起，这个民族，这代人，就会变得萎靡不振，庸俗、变态、混乱、恶臭……

文学的价值在于提供一种精气神，一种能促使人类向上向善向美的精气神。

（2012年9月12日晨）

▲中国文化的特点是生命文化

晚6：00自行车到校，在教研室为硕研生上课，涉及生命观的问题，给诸生特别讲了“中国文化的特点是生命文化”：

1、追问生命的前生（来源）：寻根问祖报本，重视一己生命之来源，故中国的史学特别发达（国有史，方有志，家有谱）。又重孝，即重视赋予一己生命之父母；因而爱惜已身，重生。

2、强调生命的今世：经世致用，内圣外王，“不知生，焉知死”，在今生今世中实现一己之生命价值意义。故中国文化强调现实人生，脚踏实地，不尚空谈，做好今世的事。

3、注重生命的延传：士追求“三不朽”，民众讲究“传宗接代”。敬重父母所授之生命，“身体发肤，受之父母，不能损伤”，爱自己即是爱父母。

（2012年4月12日）

▲文气

文以气为主，气贯而文舒，文舒而笔畅，笔畅而势健，势健而神旺。

（2012年6月17日）

▲如何理解文学

——是先有“文学”这一概念，后有“文学”？

文学的概念是发展的，如同人不可能是搞清了“人”的定义之后才做人一样，文学也不是先有了“文学”这一定义，才出现文学。文学的要义是渐进的，发展的，不同时代会有不同的理解。

——文学是一个“类”词，如同“水果”是一个类词一样。水果包含着苹果、桃子、李子、杨梅、樱桃等种种具体的果品，因而只要有具体的果品存在，就有水果存在。文学也是如此，文学包含着小说、散文、诗歌、童话、寓言等多种具体文体，因而只要有具体的文体存在，就有文学的存在。由此观察中国儿童文学，中国古代有童谣、童话的存在，自然有儿童文学的存在。

——文学的发展，从民间文学到作家文学是必然途径。对文学的理解，既有作家文学，也有民间文学，民间文学是整个文学的组成部分。因而可以说，只要有民间文学的存在，就有文学的存在。中国儿童文学也如此，只要有民间儿童文学的存在，就有中国儿童文学的存在与发展的前提。

（2012年8月19日晚11：10）

▲佛教教义感悟

佛教教义的核心是“色、空”二字，色是指存在，空即是虚无。

在佛陀看来，人世间的一切“存在”（色）——金钱、权力、地位、美色……都不过是昙花一现的虚无（空），所谓“色即是空，空即是色”，存在即是虚无，虚无即是存在。因而佛陀告诫众生要放下一切，一切皆空，四大皆空，不再留恋金钱、位势、权争、美色，心中也就了无牵挂，澄澈空明，自然不再有贪欲，有纠结，有患得患失，有烦恼与不快了。

然而，如果人生正是这样到世上来走上一遭，既无欲也无求，如同“呆痴”那般什么都不知不晓，什么都不动心，什么都麻木不仁，岂不枉来世上走一趟？因而众生要“放下”这“色”，循入“空”门，实在是难。众生就在这纠结、两难、徘徊、犹豫、苦虑、希冀之中度过其岁月。真能“放下”一切的“色”而坚信坚守“空”的，实在少之又少，因而自然也就难以成佛。

（2014年4月1日下午4：15）

▲人才一生之阶段

10岁后为成长。生理、心理渐渐成长起来，由幼稚向成熟转化；

20岁后为成熟。从学校走向社会，逐渐适应业界、职场，并发挥越来越重要的作用；

30岁后为成才。方向明确，精力旺盛且集中，职称、职务开始上升，在成才之路上不断叠加成果与声誉；

40岁后为成名。逐渐在本专业、本领域扩大学术影响、专业影响，上升业界地位，拓宽专业交际层级，成为本专业、本领域的拔尖人才；

50岁后为成家。奠定学术地位与影响，成为本专业、本领域重量级人物，担任本专业、本领域相关社团的重要职位，培养扶持年轻才俊；

60岁后为成功。在本专业、本领域的学术影响成倍放大，其著作与重要观点成为本专业、本领域绕不开的话语，常为人引用，并已成为社会大众知晓的人物；

70岁后为成就。在本专业、本领域为之奋斗数十年的业绩，已足以出版文集乃至全集，撰写回忆录日渐占据时间；

80岁、90岁、100岁后为成精。学界与业界的泰斗人瑞，评传、传记、自传类著作在书店、图书馆可见，家乡原籍因其而光耀宣扬，乃至维修保护其故居母校。

（2014年10月15日）

第三辑・北京的「学术气场」

北京的“学术气场”

2007年7月4日的《中华读书报》发表了记者丁杨采访曹聚仁的二公子曹景行的访谈录：《曹景行：无心插柳“拣来”传媒人生》。曹聚仁是从浙江金华乡野走出来的现代文化名人，因我曾在金华生活过三年，因而对曹聚仁的著作与传记格外关注，书柜里一直矗立着曹聚仁的《我与我的世界》《中国学术思想史随笔》。曹聚仁后半辈子生活在香港，在我的猜想中，他的子女也应在香港。读完记者丁杨的采访，这才知道曹聚仁的二公子曹景行先生与我是同辈人，而且早年也上山下乡当过“知青”，他是从上海去安徽的，在黄山茶林场当了整整十年知青，实在不简单，不容易。

曹先生现在在清华大学新闻与传播学院做访问学者并教书。从丁杨的采访中可以看出，曹先生是很喜欢留在清华教书的，他说：“作为一个中国人，怎么也要在北京住上两年，毕竟是首都。”他认为在香港很难清晰了解今天的中国，而北京是会不断产生新闻的地方。妙哉斯言，深得我心！北京的好处就因为它是全中国的政治、文化中心，自然也是学术中心。因而作为一个中国人，尤其是中国的文化人，无论如何也应在北京住上几年，能长住或久居自然最好。

去年5月的一天，与北大温儒敏教授、北师大同事李春青教授一块坐火车去天津南开大学参加博士论文答辩。旅途中闲聊起北京有几位名教授被外地高校为实现博士点“零的突破”高薪挖去任教的事。温教授很为他们遗憾，他说他曾去过某教授所在的大学开会，虽然条件不错，科研经费大大的，但总感到那里太寂寞了，寂寞什么呢？没有北京的“学术气场”。

温教授可谓一语道破北京的妙谛。作为知识分子，学界中人，要的就是这一个“学术气场”。气场是一种氛围，一种精神，一种彼此激发、辩驳、切磋、对话、守望的平台与场景。虽然大家在北京各忙各的，互不来往，甚至互不相识，即使是友人也难得聚面。但由于这个“学术气场”的存在，又似乎彼此离得很近，当在书报上看到某人的名字，就会感觉很熟稔，会想起某次会议曾有一面之缘，如果交换过名片，一起吃过饭，那就愈感熟稔了。这就是“气场”——你会感到你也是北京这个学术中心“气场”中的一分子，你对学术的那一份热爱、愿景乃至责任意识，就会油然而生，时时提醒着你的身份与担当。这就是北京给予你的好处。许多外地学者之所以乐于进京，并不是冲着北京的气候、住房、待遇而来，他们更多是冲着北京作为中国文化中心的“学术气场”而来。

北师大文学院近年从外地招聘了多位名教授，如台北的龚鹏程、重庆的李怡、济南的张清华、德国的方维规，成都的曹顺庆最近也过来了。他们之所以纷纷加盟北师大，看好的就是北京的文化中心位置与学术气场。我猜想，曹景行先生之所以也想留在北京，吸引他的恐怕也是北京这个“学术气场”吧。

“学术气场”在多数时间是悬空的心理的，是学者之间心灵感应的一种精神吸引与“我思我在”的磁场。但在特定时间，则是实实在在的，这就是大家在同一时间因某种因缘聚集在一起，这是“学术气场”效应充分凝聚与最大化发散的时候。

学术研讨会

研讨会有大有小，大的有国际性的、全国性的，有时像赶场那般热闹。听大会固然有收获，但大家对会下的串门似乎更是乐此不疲。住在宾馆，吃好喝好，夜里无事，于是天南地北，三五学人，黑头白发，识与不识，好不容易逮到机会聚在一起，天下大事，学科建设，名家轶闻，小道消息，口无遮拦，滔滔不绝，直至深更半夜，乃至东方既白。第二天坐在会场，难免哈欠连连，梦见周公。

在北京，我更喜欢参加小型的学术研讨会，一般是一天的会议。北京交通拥挤，早高峰出门更是不便，因而主办方大致都把开会时间安排在早上九点甚至九点半。会议规模是一二十人，三五十人不等。往往前面坐着“专家学者”，后面坐着“媒体记者”，围绕一个主题，集中一个目标，有中心发言，有即席发言，有插话提问，有讨论商榷，气氛活跃，精神奔放。

中午聚餐，正好与自己素所敬仰的学界长者坐在一桌，会上听他的发言已是如沐春风，现在又能零距离向长者敬酒请安，真是何幸之至。须知这样的长者早是国宝级别，平时最多只能在电视上见面，但在北京的“学术气场”中却时不时能与他们零距离接触。

论文答辩

每年五六月是各大高校硕士生、博士生论文答辩的“农忙”季节，不但你指导的学生要答辩，还要被邀参加外校学生的答辩。虽然研究生院要求答辩委员会的组成人员应从专家名库中随机抽取，但学术圈内毕竟早已知己知彼，同行专家也就是这么些人，因而答辩之前大多已彼此通过电话，询问有否时间参加。如果真按“随机抽取”那样去做，到时候很难找到专家。

论文答辩名义上是考学生，实际上是考导师。答辩专家的提问万一把你的学生考住了，张口结舌，答非所问，最难堪的还是坐在一边的导师。所以专家的提问、质疑都会掌握一个“度”，既不失专业应有的品质，又不刁钻古怪。

答辩终于顺利通过，散场后学生答谢老师，紧绷的神经已可放松。导师与答辩专家坐在一桌，话题还是离不开专业，或者问问同行之间的信息，学生毕业后的去向。这是“学术气场”颇为温馨的时刻。眼见着又一批研究生毕业，学术薪火承续相传，能不举杯相庆？

茶叙

“茶叙”是台湾学人的说法，即以茶聚友，品茗论道。与茶叙同类的还有“餐叙”，那自然是在餐桌上聚友谈论了。相对而言，北京学人愿意餐叙而少茶叙。

北京的餐馆实在太多，举凡中餐西餐、荤食素食、各地口味、各国风味、传统老号，皆汇聚于此。有一本《北京美食地图》的书专门搜集了全市600多家特色餐馆详作介绍。北京的茶馆既少且贵，有名的老舍茶馆，坐上一个时辰，少说也要上百元的开销。另一家圣陶沙茶楼，装修得富丽堂皇，像个皇宫。因而北京学人的茶聚大多是在自家阳台的茶吧。事实上，这里才是散发学术气息的场所。

钱钟书有一段名言：“大抵学问是荒江野老屋中二三素心人商量培养之事，朝市之显学必成俗学。”二三素心人培养学问，少不了有一杯清茶净心。周作人《雨天的书》中也有一段妙文：“如在江村小屋里，靠玻璃窗，烘着白炭火钵，喝清茶，同友人谈闲话，那是颇愉快的事。”徐志摩在给友人的信中念念不忘同样的妙处：“拂拭古简古笺，写三两行字，啜一碗清茶，养生适性，神仙也不过如此。”

现在住房条件改变了，住在高楼，阳台南向，冬天室内有暖气，太阳透过玻璃窗照进来，与三两友人，喝清茶，聊闲天，有事谈事，无事谈书，这才是一种难得的享受。这样的好时光，我在北京多位学人家的阳台上享用过，我也用同样的阳台茶吧（有一个武夷山根雕茶几）招待过多位京城学人，还有远从异域来的学人。正是在这里，碰撞出了我的不少文章题目，包括我的博士生的论文选题。

书市

北京有着全国最大的书市、书展：每年元月的“全国图书订货会”与七八月间的“北京国际图书博览会”；至于北京本地举办的“地坛书市”等大大小小有关书的集会，那就更多了。

在这样的场合，这样的时刻，你背着一个书包，晃晃悠悠，穿梭在书的海洋，绝对能与京城大大小小的学人碰面，那种“不期而遇”的惊喜，或者“狭路相逢”的快意，借用一句广告词“感觉真是好极了”！于是，一起站着交流对新书的看法，打开对方的书包瞧瞧买了些什么书，从中获得淘书的启示。

有一次，我在书市上到处寻找白烨编的《中国年度文坛纪事》，恰巧遇到白烨，问他最近出的这本《纪事》怎么到处买不到。白烨说：这是一本赔钱的书，出版社已换了好几家，从漓江到长江文艺，现在改由文化艺术出版社出了。我说从他编的1999年第一本《纪事》起，我每年必购，这是研究中国当代文学与文化的必备书。白烨说，每年编这本书，要从年初开始就一直紧盯着文坛，随时收集资料，做得很累。我说你做了一件大好事，假如七八十年代就有人做这件事，出这类书，现在真是太珍贵了。白烨说他动过这个念头，想从“文革”后一年一本选编补齐，但这个追溯历史的工程实在太大，最难的是即便编成了也找不到出版社。那次在书市见到白烨已有两年未面，不知白烨先生的愿景进展得如何？

八宝山告别仪式

一位德高望重的学界前辈走了，或者一位学界精英突然中年早逝。告别大厅播放着哀乐，空气中弥漫着伤感、痛惜、唏嘘。深深地鞠躬，缓缓地步履，紧紧地握手，默默地退场，这是北京“学术气场”中最为揪心的时刻。

在缓缓进入告别大厅和步出大厅的队伍中，你会看到十分熟悉的面孔，甚至多年未见的面孔，但这时候，大家都阴沉着面孔，彼此只是点头示意，不再寒暄，不再交流，而心却是相通的：又一位学界中人就这样走了，留下来的我们，又能为北京的“学术气场”做些什么呢？

（2007年7月20日）

《京师论衡：北京师范大学中文系百年校庆学术论文选》序言

京师堂堂，弘文励教，作育英才，百年名校。

百年师大，中文当先。1902年北师大之前身京师大学堂师范馆招生，所设课程即有经学、习字、作文等，此即中文学科之肇始也。2002年是北京师范大学建校一百周年，同时是北京师范大学中文学科创设一百周年，也是中国语文教育现代化进程一百周年。

一百年风雨兼程，一百年人世沧桑，一百年文章尔雅，一百年激浊扬清。北师大中文学科经过百年建设，百年奋进，不但为国家培养了大批杰出人才，同时也为二十世纪中国语言文学作出了重大贡献。鲁迅、钱玄同、黎锦熙、陆宗达、沈兼士、顾随、余嘉锡、吴承仕、刘盼遂、谭丕模、李长之、穆木天、黄药眠、李何林、俞敏、钟敬文……曾有众多大师在这里砚耕执教，而今仍有启功先生等一批名师宿儒导航传道。

先贤会通开新，炳耀学界，灿溢缥缃，后继薪火相传，骞翮远翥，上下求索。老中青凝成合力，数代人同舟共济，形成既稳重求实不务虚名，又锐意创新不断进取，既坚持学术规范的科学性严肃性，又保持清醒的现实关怀、积极参加当代中国精神文化建设的良好系风。

如今，北师大中文系已成为全国各高校中文系博士点最多的系，拥有首批建立的国家中文学科博士后流动站，首批建立的国家基础学科人才培养和科学研究基地，首批获得中文“一级学科”授权，教育部人文社科百所重点研究基地文艺学研究中心、民俗典籍文字研究中心……雅言诗，雅言书，雅言学术；丽乎天，丽乎地，丽乎人文。

为了庆祝北京师范大学建校一百周年、北师大中文学科创设一百周年，同时也为了回顾历史，弘扬传统，积累学术，畅通学脉，激励科研，请教学界，馈赠社会，我们特选编了这本中文系全体教师的论文集。每位教师选录一篇，全系158篇，以学科为别分类编排，同一学科则以作者年岁为序顺次而下。所选论文以学术原创、中国话语、问题意识为原则。

洋洋乎，数百万字的学术论文汇编一册，太阳照我青灯伴我发愤忘食乐以忘忧多少心血多少汗水方成此巨制；济济乎，一百多位京师教师齐聚一堂，曲肱饮水歌吟蔼如高韵雅致绕梁振木，真有不可形容者也。

京师论学术，铁狮意正昂。辅仁启慧命，精气焕文章。

一百年历史从容翻过，二十一世纪风光无限。展望未来，机会与挑战并存，发展与希望同在。愿我北师大中文系全体同仁继承传统，与时俱进，务实创新，再铸辉煌。是为序。

《京师论衡：北京师范大学中文系百年校庆学术论文选》编辑委员会

王泉根执笔

2002年2月20日

关于大学校名

事出偶然，忽然接到北华大学邀请讲座的电话，心里纳闷：北华大学在哪里？对方告在吉林省吉林市。吉林市是有名的“雾凇之都”，于是从北京飞往长春，又转城铁到吉林市。

一进北华大学，第一感觉是校园真大，比北师大大多了，但院长说，这只是一个校区，北华横跨吉林市，拥有好几个校区哩。再一感觉是“北华大学”的校名取得不错，北国江城，华夏名邦，上海有东华大学，四川有西华大学，湖南有南华大学，遥相呼应，够气派。

餐叙桌上，我有点恭维地说，北华大学的校名取得真好，想必定是高人所为。谁知院长却说，北华这个校名，当初可吃亏了，自从改了校名，生源不升反降，考生不知道北华在哪里？哪个专业最好？

原来，北华大学是以吉林师范学院为主体，合并了吉林市内多所大专联合而成的。吉林师范学院是1906年创办的我国第一批师范院校，历史长，牌子响，当今赫赫有名的小教名师窦桂梅就是该校的毕业生。为什么非要砍掉“师范”？去掉了吉林师院的校名，不要说一般考生家长，就连我这个久在师范的谋生者也找不到北了。

北华大学因改校名而吃亏，这真使我大跌眼镜，不由一时语噎。因改校名吃亏的事，以前也曾听说过。20世纪80年代，我去甘肃兰州的西北师范大学开会。开幕式照例请主办方领导致词，校长一上来就滔滔不绝地讲起了“校名与校史”的关系，中心是改校名吃了大亏。

原来西北师范大学的前身西北师范学院，是教育部直属的六所师院之一，与北师大、东北师大、华东师大、西南师院、华中师院并列。后来甘肃省不知出于何故，将西北师范学院改为甘肃师范大学，从表面看，师院改大学是拔高了，殊不知却是“自动降级”。

“文革”结束后的1978年，教育部决定重新恢复六所部属师大的地位，但当时的主事者不清楚甘肃师大就是从前的西北师院，于是将西北地区的部属师大，定为西安的陕西师范大学。这一下甘肃急了，向教育部申诉，纵探源流，横诠诸说，要求重新定位部属师大。但一方面政令已出，木已成舟，另一方面陕西那边岂肯放弃如此从天而降的美事，咸鱼自然翻不了身。西北师大一时“情绪低落”，为改校名吃了大亏抱憾不已。须知，在中国的教育体制下，部属高校与地方院校的差别，那不是局外人可以想象的。

当然，话又说回来，因改校名吃亏的高校那只是个案，更多的是因改校名而闷声发财撞大运。即使是因改校名一时吃亏也有“东山再起”的机会。如西北师范大学现如今是“甘肃省与教育部共建的重点大学”，而北华大学则是“吉林省属规模最大的综合性重点大学”。

考中国现代性大学之起源，自然当属1898年清末戊戌变法时创办的京师大学堂。京师大学堂是北京大学之前身，而京师大学堂1902年正式附设的师范馆则是北京师范大学之前身。因而中国大学的校史，最长都不会超过北大、北师大。但有意思的是，现在国内已有多所大学的校史把北大、北师大比了下去，原来这些高校是将从前的书院作为“史前史”的。

若照此类推，中国高校历史最长者当数长沙的湖南大学。湖南大学校区里的岳麓书院，创办于北宋开宝九年（976年），至今已有1043年的历史，而且板上钉钉的是，岳麓书院现在仍是湖南大学的下属实体办学机构与校产。不知湖南大学有否将校史的源头定位为北宋开宝九年？若如此，湖南大学的校史之长，完全可以申请上海的吉尼斯纪录。

自从中国创办现代性大学以来，大学校名之命定，大致可分为以下几类：

一是以学校所在地的城市或省区命名，综合性大学较多，如北京大学、山东大学、内蒙古大学；

二是以高校学科属性冠以地名，如南京航空航天大学、云南林业大学，全国这类校名最多；

三是出于典故，深具人文内涵，此以老校名校为主，如清华大学、复旦大学、暨南大学、同济大学，还有以前北京的辅仁大学、梁漱溟在重庆北碚创办的勉仁文学院等；

四是以历史名人命名，此较少，如中山大学、鲁迅美术学院。

大学校名的变更，有两个时期较为活跃，一是二十世纪五十年“院系调整”，因重组高校，调整学科专业，自然产生了一批新校名。如1950年位于重庆的国立女子师范学院和四川省立教育学院，合并组建西南师范学院（今西南大学）。二是进入改革开放的八十年代，当时有不少学院纷纷升格更名为大学，如北京著名的“八大学院”北京政法学院更名为中国政法大学，北京钢铁学院改名为北京科技大学；现在的多数师范大学也都是在那个时期改名的，如北京师范学院改为首都师范大学、浙江师范学院改为浙江师范大学，又如江苏师范学院改为苏州大学。顺便说一句，现在的江苏师范大学是由徐州师范大学发展改名而来，与原江苏师范学院没有任何关系。

大致进入二十世纪九十年代，一股扩校合并之风开始在高校掀起，据说原因是要创建一流大学，如何创建？将大学做大是当时的顶层设计。于是这就有了浙江大学横跨杭州全城，一口气兼并了杭州大学、浙江农业大学、浙江医科大学三校，但不叫合并叫“回归”。紧跟着吉林大学的步子更大，齐刷刷地兼并了长春市内多所高校，因而长春市民戏言“长春市在吉林大学”。

这一股合校之风，自然灭了一些大学校名，最可惜的是杭州大学从此绝迹。以近现代浙江文脉之盛、杭州大学当年在全国高校中的文科优势地位，如果保留至今，浙江省无论如何不会只有浙大一所中央直管的高校。看旁边江苏省就有南京大学、东南大学、江南大学等好多所。笔者作为一个浙江籍教授，每念及此，总心有戚戚也。

话说远了，赶紧打住，还是回到文章的本题。我要说的是，在这一波扩校合并时期，中国大学的校名一不小心产生了许多故事。“四川联合大学”之校名可谓经典段子之一。

九十年代中期，四川大学与成都科技大学合并，两校都是教育部直属的重点大学，校名怎么改？一时成了难题。若是

“四川大学”，科大感觉是被川大“吃”了，自然绝不接受；反之川大亦不爽。据说还是川大中文系有高人想出了妙招，提议上头合校后改名为“四川联合大学”，这样双方都能接受。但“联合”二字给人以民办甚至野鸡大学之嫌，时间一久，必然生厌，都想放弃，到那里再改回“四川大学”，自然风月虚心，皆大欢喜。高，实在是高！

1994年川大与科大合并后，改为“四川联合大学”，两校果然相安无事，怡然自得。但不出二年，“联大”之名屡被社会调侃质疑，里里外外都讨厌。更糟糕的是，四川联合大学举办百年校庆，场面冷清，很多校友都不承认自己是“联大”毕业生。于是，天时地利，水到渠成，联大于1998年很快就改回了“四川大学”。我的女儿当年高考，接到的录取通知书是四川联合大学，毕业时发的证书则是四川大学，这在中国高教史上是很难遇到的。

但纵观中国高校之改名，最热闹、最复杂也最有“故事”的当是进入资本市场的“教育产业化”时期。教育产业化的第一要素是生源，生源好，办学经费就多，因而现在当校长的头等大事之一就是筹措办学经费。如何吸引生源？说到底还是要靠教育质量。但鱼有鱼路、虾有虾路，继续扩校并顺理成章地改校名就成为其中的重要路子。

“教育产业化”以来的改校名，有两大景观最为突出：一是将“师范”齐刷刷地排头砍去，以前各地地级市大多有师院或师专，现已大多不存，或改大学，或改文理或理工之类的学院。如上文的北华大学，又如山西的大同大学，系由原雁北师范学院、大同医学专科学校等合并组建而成。我家乡的绍兴文理学院，由原绍兴师范专科学校与绍兴高等专科学校合并组建，此后绍兴卫生学校、上虞师范学校等相继并入。最近听说绍兴市正在举全市之力，为扩建改名为“绍兴大学”而努力。如能成功，这当然是一件大好事。“山阴道上桂花初，王谢风流满晋书。”“鉴湖越台名士乡，忧忡为国痛断肠。”鲁迅、蔡元培的家乡居然还没有一所大学，这无论如何说不过去。

再一景观是将传统专业校名尽量放大为更时尚的行业，流行的有“铁道”改“交通”“水产”改“海洋”“地质”改“工程”“钢铁”改“科技”……更有甚者千方百计与热门专业挂钩，如财经、经济、理工、传媒等。跨度最大的当是河北地质学院更名为石家庄经济学院。网传，该校2003年校庆前又想改名为“华北工商大学”，但未获教育部批准。2012年再拟改校名为“河北地质经济大学”，仍未获教育部批准。2016年3月31日，教育部官网发布了《教育部关于同意石家庄经济学院更名为河北地质大学的函》，应当说这一校名才回归了该校的本源。

因“教育产业化”以来改校名成风所及，直接影响到不少大学的专业院系改名——系改院，千方百计“做大”，这是突出景观。如将图书馆系改为信息管理学院，历史系改为历史文博学院。最牛皮哄哄的是中文系，如今全国各高校都将中文系改为文学院，或人文学院，现在已很难找到中文系了，难怪学界有人惊叹：“今日中国大学已无系（戏）了。”但有一个例外，北京大学中文系依然还叫中文系。为什么非要系改院呢？院长的“官帽”就比系主任大？其实在高校谁都心知肚明，院、系是同一级别，如北大、清华、北师大都是“副部级”，下面的院长、系主任也就都是“处级”而已。但印成名片，尤其是上电视，当然是院长更牛。

行文至此，不由想起了20世纪20年代，清华大学创办国学研究院，任命吴宓为院长，不料却被吴宓断然拒绝，他不要“院长”而要“主任”，于是这就有了“清华大学国学研究院主任吴宓”这样不相匹配的头衔。吴宓为何不当院长只要主任？他认为院长是做官，主任是做事，他筹办国学研究院是要为复兴中国文化做事，而不是要在清华谋一官职。试想如果吴宓将印着“清华大学国学研究院院长吴宓”的名帖，去见梁启超、王国维、陈寅恪，聘请他们一起来国学研究院共事，他们见到这位院长大人将作何感想？这就是20世纪那一代高校教授的做法与作为。现如今主任纷纷成了院长，院长下面还有若干副院长，甚至还有院长助理，真不知这是高校还是官场？

话又扯远了，赶紧打住，还是回到大学校名。据统计，在过去的六七年间，全国共有472所大学改名，几乎占高校总数的四分之一。有的甚至在短短几年实现了三级跳：由中高职合并为高职——高职摇身一变成为学院——学院一跃成了大学。

由于大学也允许“民办”，因而现在出现了一大批民办大学的新校名，有的在业内称“独立学院”，如南京大学金陵学院、厦门大学嘉庚学院、北京吉利学院等。此外还出现了中外合作办学的大学新校名，如宁波诺丁汉大学、昆山杜克大学，还有“北京师范大学香港浸会大学联合国际学院”（位于广东珠海），这是教育部公布的全国高校名单中校名最长的大学。

按如今时势，大学改校名应是“只赚不赔”的买卖，否则为什么有这么多的大学都热衷于改校名？君不见，自从教育产业化、高校扩招合校以来，改校名早已“蔚然成风”。学院改大学，专科改综合，地方改区域，校名千方百计要往“大”处靠。从整体上看，凡改校名的高校，无不春风得意马蹄疾，赚得个盆满钵满。因为校名就是招牌，就是资质，改校名的重要效益显然是能吸引生源，现如今生源可就是白花花的银子啊！

我曾去过某省的一所“人文科技学院”做讲座，该校原是地级市的师范学院，在省里同类师院中排序比不上另一所师院。但自从改了校名，由“（某市）师范学院”改为“（某省）人文科技学院”，生源那个好啊，噌噌地往上涨，把另一所师院甩出了老远，弄得自己也有点不好意思。相映成趣的是，另一所以前胜出该校的师院，因校名谦虚地改为“（某省）理工学院”，比不上“人文科技学院”名气大，生源当然都往人家那里跑了。校长又后悔又憋气，当初改校名怎么没想到请“姓名学”专家把把脉呢？

在“蔚然成风”的改校名浪潮中，也有的大学不忘本源，决不改名。如四川外国语大学与四川美术学院，这两所大学都在重庆，以前重庆是四川的省辖市，1997年重庆成了中央直辖市。川外、川美要不要改名？当时议论纷纷，但最终两校坚决不改。据说只要川外、川美一改名，四川方面的高校早已“虎视眈眈”，看好这两个校名的含金量了。本人执教的北京师范大学，曾也一度有人动议改为“中央师范大学”“京师大学”，最终当然没改。“北京师范大学”是传承百年的校名，岂能轻易放弃。

说来有意思，在改校名成风的时期，竟然还有“保卫校名”的“壮举”。这有两件事最有说头，涉及大学校名有没有

“专利权”。

一是“川医”。凡四川人无不知道“川医”，这是从前响当当的四川医学院的简称。2015年6月，泸州医学院改名四川医科大学，简称“川医”，这一下四川大学不干了。原来四川医学院于80年代更名为“华西医科大学”，2000年，华西医科大学并入四川大学，成为新四川大学的华西医学中心。泸医的行为激起了“川医”校友的激烈反弹，这年6月，川大师生还举行了大规模的集会，表达“捍卫川医”的立场。川大校方迅即向教育部发函表示反对泸州医学院的改名，认为侵犯了川大的权益，要求教育部行政复议。

大概背后有“姓名学”专家支招，使川大万万想不到的是，半年后的2016年1月，泸州医学院突然宣布放弃“川医”，改名为更牛的“西南医科大学”。川医争夺战由此落下帷幕。

二是“杭大”。本人获得过杭州大学的硕士学位，曾听老杭大的老师说，杭州大学自从1998年“回归”进浙江大学、校名不存以后，杭州市有的高校几次三番想改为“杭州大学”，但都被老杭大的老教授老前辈们阻止了。作为曾经与杭大有过渊源而且在杭州生活过多年的我，太清楚老杭大人的“杭大”情结了。当年杭大被浙大“回归”、校名不存，早已心有戚戚也，现在如果连“杭州大学”的校名又被别的高校袭用，那简直如有刨去祖根般的痛。

不过人事有代谢，往来成古今，以后的事就说不准了，特别是在市场决定一切的年代，须知阿里巴巴的马云，人家可是杭州师范大学培养的高材生呢。君不见，各大媒体曾经争相报道：浙江大学已力压北大清华，成为富豪校友数量最多的大学。财富论英雄，改个校名还不是小菜一碟。

下笔至此，不由想起从前清华大学校长梅贻琦被人反复引用的那一句老掉牙的名言：“所谓大学者，非谓有大楼之谓也，有大师之谓也。”真正的一流大学，是因其办学特色与品质名扬四海，而不是因其校名之大之牛。我们需要追求的应该是大学办学品质的“实至名归”，而不是盛名之下的“其实难副”。

（2017年3月）

谁是中国最博雅的教授

有学者四五人，品茗清谈，坐而论道，谓中国大学教授中谁最博雅会通？玄议结果，一致认为西南师范大学吴宓教授可以候选。

吴宓者，陕西泾阳人也。生于1894年，卒于1978年，在世八十有四。早岁负籍清华，留学哈佛，与陈寅恪、汤用彤并称为“哈佛三杰”。学成归国，先后服务于东南大学、清华大学、西南联大、武汉大学诸校，其间曾赴英国牛津大学及西欧多国游学。1949年后隐居于重庆北碚缙云山下之西南师范大学（今西南大学），直至1977年回陕终老。吴宓主编《学衡》杂志，坚执“昌明国粹，融化新知”的文化担当；主持清华国学研究院，聘请梁王陈赵四大家；主事清华与西南联大外文系，力倡培养“博雅之士”的现代大学办学理念，这些都为学界所熟知而乐道。

但吴宓1949年后在西南师大的教书生涯似乎鲜为人知。

笔者曾在西南师大中文系任教十余年，据笔者所知，吴宓在西南师大先后担任过三个系的教授：先在外语系执教英国文学与世界文学，继转历史系讲授世界古代史，再到中文系主讲文言文导读及中国古代文学。此三系所教课程差别之大，非古今中外皆通、文史言语俱精者不能当。但吴宓胜任了，而且绰绰有余。因为从根本上说，吴宓是一个坚守“中国传统通人通儒之学”（钱穆语）的会通型教授与学者。

吴宓曾在英美留学多年，精通英、法、德语及西方文学，在中国最早提出“比较文学”概念，执教外语系实在是其本行；吴宓早在20年代就研究古希腊罗马历史文化，著有《希腊文学史》等，因而讲授世界古代史自然游刃有余；吴宓还是一位红学家，最早将《红楼梦》介绍到海外，同时他在本质上是一位怀抱“雪莱情志少陵心”的诗人，30年代就已出版过一厚本《吴宓诗集》，有着如此文学根底，在中文系讲授古代文学更是他的拿手好戏。据说他上课从来不带讲义、教参，完全靠记忆背诵原典或板书诗文，其记忆力之强，使听课的年轻学子无不惊叹。

像吴宓这样能在中文、历史、外语三系任教，古今中西俱通且又擅长吟诗填词的人文学科教授，在当今中国大学又有几人？因而大家推举吴宓为中国最博雅会通的教授人选之一，应是合适的。

清心泡壶盖碗茶。在座的四五学者由吴宓的博雅又议及今昔学术之区别，或问为何今之大学人文学科再也产生不了像吴宓那样的会通型教授？综而析之，四五学者意见大致有三，兹按顺序阐释如下。

其一，会通与专业的区别

会通是中国学术的特点，而细分专业则是西方学术的特点。钱穆在《现代中国学术论衡》（三联书店2001年版）中认为："文化异，斯学术亦异。中国重和合，西方重分别。民国以来，中国学术界分门别类，务为专家，与中国传统通人通儒之学大相违异。循至返读古籍，格不相入。此其影响将来学术之发展实大，不可不加以讨论。"学科专业分工越来越细，越来越专，这是中国学术接受西方影响之后的必然趋势。

演变及今，按照国务院学位委员会1997年颁布实施的《授予博士、硕士学位和培养研究生的学科、专业目录》的规定，我国高校现在执行的学科门类计分为哲学、经济学、法学、教育学、文学、历史学、理学、工学、农学、医学、军事学、管理学等12大类；12大类下面再分为88个一组学科；88个一级学科下面再细分为381个二级学科。试以"文学"门类而言：文学门类下面分为中国语言文学、外国语言文学、新闻传播学、艺术系4个一级学科，此4个学科所授学位均以“文学”称，即文学学士、文学硕士、文学博士。中国语言文学为一级学科，下面又具体细分为文艺学、语言学及应用语言学、汉语言文字学、中国古典文献学、中国古代文学、中国现当代文学、中国少数民族语言文学、比较文学与世界文学等8个二级学科。

为何学科专业越分越细？据说原因是现代社会知识爆炸，信息密集，人的精力只能应付其中一点。有关资料显示，在农耕经济时代，人们只要7—14岁接受教育，就足可应付以后40年的谋生之需；进入工业经济时代，求学时间延伸为5—22岁；而在今天信息技术高度发达的知识经济时代，人们必须把12年制的学校义务教育延长为80年制的终生学习，也即每个人在其一生的工作生涯中，必须坚持终生学习，方能获得成功。

同时，有关资料还显示：人类最近30年产生的知识总量，等于过去2000年所产生的知识量的总和；而到2020年，知识总量将是现在的3—4倍；到2050年，目前的人类知识只占届时知识的1%（《光明日报》2003年2月12日文）。在如此急剧增长的知识面前，现代学者只能守在某一学科专业里面，不断追踪，不断补充，方能讨碗饭吃。因而学科与学科之间，同一学科的不同专业之间，也就自然隔行如隔山，大家各耕一块田，“鸡犬之声相闻，民至老死不相往来”了。

据说，这就是为什么现在大学中文系里面，搞古代文学的不辩现当代文学，搞中国文学的不问外国文学，搞文学专业的不知《说文》《广韵》为何物的原因。

专业分工精细的好处是可以产生“专家”，但其弊端也正在此。因为事实上，所谓的知识经济时代急剧增长的知识量，极大部分属于自然科学与应用技术，而人文、社会科学知识量的增长毕竟还是有限的，根本原因是人类社会数千年的文明史早已验证：人文、社会科学归根结底所要研究的还是自古及今的关于人、关于人与人、人与社会、人与自然的关系等这些问题。一切人文、社会科学，永远离不开“人”这个轴心与终极。

但现实却是：人文、社会科学受自然科学的影响与浸染似乎越来越大，不但分科越来越细，借助自然科学的研究成果或手段的兴趣越来越浓（例如文艺学就出现过模糊数学、热力学、量子力学、场论、生态学等研究方法），而且最要命的是运用管理自然科学与应用技术的那一套方法来管理人文、社会科学，用发表论文的篇数、字数、刊物级别、转载引用率等所谓的“量化”硬指标来要求、考评人文、社会科学工作者。专业分科太专太细，同时要求研究成果“量化”“细化”（学术论文居然可以切割为属于方面进行打分），其结果必然导致学人只见树木，不见森林，视阈的局限无形消减了作为人文社会科学必需的人文关怀。

一个不争的事实是：由于文科专业分得太细，已使一般文史哲出身的学者无法议政，而社会大众也不再以政事请教人文学者，致使人文学者对社会政治不再有发言权；而另一方面，专治政经法及管理的学者又多与历史文化和学术隔阂太深，其发言议政习惯于在其本专业的操作层面讨论，不能自本自根，有体有用，因而往往缺失人文精神，脱离历史文化的命脉。人文学者不问政，而问政者受专业分科细密的影响缺失人文关怀，更遑论问政者多为技术官僚，这不能不说是现代社会的隐忧与盲点。

这一隐忧与盲点从根本上说正是学科分工过细所致，而社会时代的发展又迫切需要具有跨越学科专业局限的会通型学者，也即如钱穆所说的“通人通儒”。对此，美国芝加哥大学社会思想委员会创建者乃乎教授曾作过精辟阐释：“任何一个时代者需要少数具有原创能力的思想家提出新的观念来界定与指引这个时代的学术与文化。这种新的思想往往是源自新的问题的提出，而这种新的问题又往往需要跨越几个学科的知识与训练才能得到完善的解答。”（转引自林毓生《中国传统的创造性转化》）

卓识方大器，浩博乃兼容。真正的学者是不能按专业归类的。在只耕一块田的“专家”堆里，能够出现钱穆所肯定的“通人通儒”与乃乎所期待的“具有原创能力的思想家”吗？

其二，志业与职业的区别

这是吴宓提出来的。吴宓在20世纪30年代发表的《我之人生观》一文中，对学人面对的志业与职业的两难选择作过如下剖析：“职业者，在社会中为他人或机关而作事，藉得薪俸或佣资，以为谋生糊口之计，仰事俯畜之需，其事不必为吾之所愿为，亦非即用吾之所长。然为之者，则缘境遇之推移，机会之偶然。志业者，为自己而作事，毫无报酬，其事必为吾之所极乐为，能尽用吾之所长，他人为之未必及我。而所以为此者，则由一己坚决之志愿，百折不挠之热诚毅力，纵牺牲极巨，阻难至多，仍必为之无懈。……职业与志业合，乃人生最幸之事。”

吴宓心目中的“志业”，对学者而言正是一己生命之所系的学术工作，韦伯在《作为职业的学术》一文中则将学术工作这一职业（Beruf）视为这是一项以神召（Calling）为使命的“天职”。

学术研究是人类对未知领域的探索，是超越自身的当下性而在精神层面掌握世界的方式，是一种对于真理和人格独立性的追求。因之，作为人类最高层次的思维活动和最高智慧表征的学术研究，要求从业者必须具有高度的敬业态度、踏实的工作作风及从事具有长远意义的科学创造精神，不媚俗、不丢格，不为劳形累心的名利位势所困蔽，而是有如同老庄所言心存“葆光”、胸同“天府”、专气致柔、营魄抱一、涤除玄览、高超透脱的姿态，在“无竞”的境界中，永葆精神生命的自由飞扬。具有此种“志业”素质者，方能真正胜任学术工作，并能确保其科学创造精神。

中国学术本质上是一种生命之学，讲究“道德文章”并存，使学术内化为人格，人格外化为学术。生命之学的重要特征在于重行（实践、体验、证悟）而非重知（分析、建构、运作），因而有关于中国文化的一些根本性问题，如儒家的本质、道家的品格、儒道的异同等，都不能只通过框架的建构、概念的分析、话语的厘定就可获得明晰的答案，而必须通过每一具体生命主体的真诚自觉、体验、实践方能融会贯通，以致最后证悟。

由于每一生命主体的存在情境（包括气质、环境、时代、际遇等）具有各自的特殊性，因而每一生命所体征融会之道自然也就各不相同，这就是为什么一时代有一时代的儒道，一时代又有一时代之新的儒道。但万变不离其宗，这“宗”就是学者个体生命的重行与投入。他们是以整个主体生命投浸于整体历史文化关怀之中，对历史文化问题做总体的掌握与探索，而非以学问为客观的材料，不以学科、专业来限制自己，更不问学术市场上的风向与交易价格。

大学者必有大精神，这大精神来源于他的生命气象。这是上下亿万年、纵横宇宙间，乘天地之正、御六气以游的“逍遥游”精神；自本自根、神鬼神帝、天人合一、死生一如，在大化流行中以求生命安顿的“大宗师”精神；穿破功名利禄位势权尊的束缚，天地与我并生、万物与我为一的高超脱透的“大荒原”精神；俗人昭昭我独昏昏、俗人察察我独闷闷，我独异于人而贵得道的特立独行的“人间世”精神。正是此种精神，造就着人类文明史上绵绵不尽的思想智慧，守护着“地球上最高的花朵——思维着的精神”。具有此种精神追求的学者，其所从事的学术工作，自然是他心向往之的“志业”，也自然是如严复所说的“为己”之学，而非为求谋生糊口、功名利禄的“职业”及“为人”之学。学者与非学者或伪学者的区别正在于此。

为什么今之学界会出现那么多的无价值无意义的泡沫“成果”，甚至于还有大量剽窃、偷盗来的“成果”？其根因正在于学术的功利化、市场化，将学术工作当成了谋取功名利禄位势权尊的手段，获得薪俸佣资住房待遇以为谋生糊口之计、仰事俯蓄之需的职业。

钱穆一再强调：“士是中国社会的中心，应该有最高的人生理想，应该负起民族国家最大的责任；更重要的，是在他的内心修养上，应能有一副宗教精神。”但在今天，钱穆所力倡的“士”的这种“忧道不忧贫”“谋道不谋食”的宗教精神与君子志节却在恶俗的功利主义、实用主义、市侩主义的滚滚红尘裹挟下无奈地失落了。诚如钱穆所言，今天中国的知识分子只接受了西方的权利观念，没有接受他们的宗教精神，只讲个人权利，不讲义务与牺牲，“于是，四民中少了一民——士，社会骤然失去了中心！”没有重心、没有灵魂的社会，根本是行尸走肉的社会。

当一般学者与读书人多以职业性的私人自居，社会自然也以职业人待之，“公人”之所以为公人的“义”没有了，社会之所待公人的“礼”自然也没有了（参见台湾《钱穆先生纪念馆馆刊》1993年创刊号高大鹏文）。而当“士”居然也干起制造假冒伪劣、鼠窃狗盗的勾当，以至学术界出现一片打假之声，要为维护中国学术的纯洁性而战时，“学者”——这一曾经是那么文质彬彬知书达理守护着社会良知的正派形象，在社会公众眼里已与那些制造假烟假酒假药假钞的骗子如出一辙，学术的真正悲剧也就被注定无疑了，吴宓标榜的“志业”、韦伯礼赞的“天职”、钱穆力倡的“宗教精神”，统统都已成了西天的云彩、梦中的镜像。

其三，有我与无我的区别

“有我”是中国学术的传统与良规。将一己之生命、之性气、之才情、之体悟、之爱憎、之悲喜，充分投注于学术研究的对象之中，这就是“有我”。钱穆曾一再肯定并高度评价这种“有我”的学术传统。钱穆是从中国文化精神的大背景立论的，他认为：“中国文化精神，端在其人文主义，而中国传统之人文主义，乃主由每一个人之真修实践中而表达出人生之全部最高真理。故曰：‘人能宏道，非道宏我。’”（钱穆《中国文化与中国文学》）因而“在中国，则读其书贵能知其人，如《论语》《孟子》是矣。读庄子书，虽不能详见庄周之为人，但亦可从其书约略推想。……读中国文学亦然。如读屈原《离骚》，可知屈原其人。读司马相如诸赋，则作者其人不在内，故扬雄讥之为雕虫小技。……即如读《史记》，亦可备见司马迁之为人，读《汉书》，则班固为人较少见。而史汉两书高下，亦于此判矣。此亦中国学术传统精神所在。”（钱穆《略论中国哲学》）

唐代诗人陈子昂的名篇《登幽州台歌》：“前不见古人，

后不见来者，念天地之悠悠，独怆然而涕下。”历来为人们所称道，但子昂此诗所悲者到底是什么？对此却说法不一。一般认为这是诗人缅怀往昔，古贤难追，感慨当今，才志未展，遥望前景，不见来者，因而百感丛生，愁肠郁结，潸然泪下。但钱穆别有见识。钱穆认为子昂所悲的是中国人文古之“有我”传统的挫折与缺失：“建安以来，曹氏父子倡为新文体，除陶渊明等极少数几个人外，文中可不见有作者其人，亦无道可传。陈子昂所深悲，非谓不见有诗，不见有辞赋之文，则其人则非矣。子昂之怆然涕下者在此。李白、杜甫继起，乃有唐代之诗。韩柳继之，乃有唐代之文。乃求于诗文中再见有其人。”（钱穆《略论中国教育学》）

在这里，钱穆是将诗文中“有其人”即“有我”，作为中国人文精神的道统与命脉来看待的，有我与无我实是判别诗文高下、著述优劣的价值尺度。中国人文精神的这种传统对于中国学术思想的影响至深至巨，在上个世纪初叶的那一代学者身上依然表现得十分明显，儒风道骨佛理惮意，即使在今天阅读他们的著述文章，依然一一可闻可亲。例如，梁启超的激越慷慨，章太炎的直道显世，王国维的沉郁苍劲，周树人的愤激瘦硬，胡适之的酣畅峻切，陈寅恪的古朴谐和，真所谓刊落声华，掷地有声，謦欬音容，跃然纸上。

杨周翰在评吴宓的著述时，其中有一段话十分精到地道出了这种“有我”的中国学术传统在吴宓身上的体现：“读吴宓的文章，给人最深的印象是他对中西文学有一种热爱，有一种感情。吴宓的批评文章有情有理，与作品的人物水乳交融，有理不稀奇，有情却是极可贵的，他把自己写进了文章里，读其文如对其人。”行文至此，杨周翰笔锋一转，深有感慨地说：“研究文学仅仅采取一种所谓‘科学’‘客观’的态度，也许能找出一些‘规律’，但那是冷冰冰的。文学批评也应如同文学创作一样，应当是有感染力的，能打动读者感情的。”（见《回忆吴宓先生》，陕西人民教育出版社1990年版）杨周翰在这里毫不客气地加以否定的文学批评中的那种“客观”“冷冰冰”，正是今日学术不同于往昔学术的重要区别之所在，即：无我。

无我是一种“缺席”与“失语”。无我者的笔下满篇都是对他者（尤其是对洋人）的引述、疏证、转注、整理，在密不透风的字里行间，唯独没有无我者自己的姿态与话语，仿佛一位拄着双拐的瘸者，一旦失去他者的扶撑，就会立扑倒地。

无我是一种自卑与失落。由于缺乏自信，对自己的言说不敢负责，因而无我者的笔下往往貌似惊人，实质满纸虚空：或堆砌术语，新名词新概念轰炸，借以张目（其实连他自己也没搞懂）；或拉出几位洋人，罗列若干伪注，借以唬人；或变换花样，玩弄包装，打出莫名惊诧的旗号，借以夸示。在学术研究这个激情与思维的先锋领域，人们看不到无我者理智的拓荒与探险，更遑论独创性的作为，因而无我者的“科研成果”总是缺乏血色的“冷冰冰”，没有阳气的“干巴巴”。

无我是一种壮夫不为的雕虫小技，智者不屑的精神泡沫。由于无我者的文章缺乏生命原色，自然没有个性，彼此相仿，千篇一律，因而替换一下作者姓名，断然难辩原作属谁。人们不妨做一个试验：将发表在南方大学学报的论文，删去原名，更换他名，寄往北方大学的学报，北方大学学报绝对看不出原文应出自何人之手。反之亦然。具有讽刺意味的是，大凡此类“无我”之文，最易成为剽窃对象。为什么现在学术界会出现这么多的剽窃现象？除了别的原因，我认为论著的无我性不能不说是其中的重要原因。

我们可以试想一下，那些视学术为生命，甚至不惜为学术献出生命的学者，其论著无不充满生命气象与有我品格，例如梁启超、王国维、陈寅恪、钱穆、吴宓，以及顾准，等等，他们的文章能被他人假冒剽窃吗？即使真有胆大妄为者剽窃了，也能为世人所辨识。这就是“有我”与“无的”的区别！

严格地说，学术工作是一种纯粹的精神生命活动，是学者用其独特的富于个性化的理性探险和感性表述来展示其对人生和世界真理的生命证悟与探索，是学者作为社会的人、历史的人、文化的人、生命的人所选择的自身生命活动的一种特殊形式。学者这个行当不是谁想做就能做的。

因而真正的学者所从事的创造性工作，必然是激情燃烧的，充满生命人格的，有我的，是一种标准的个人化行为。虽然学术工作“寂兮寥兮”，但他们依然“独立不改，周行而不殆”，心善渊，动善时，在大化流行中呈现出人性的生趣与光辉。

有我，永远是真正的学者必具的品格。

（2003年6月30日于韩国汉城）

北大曹文轩

一　他的干净与自信

北大教授曹文轩是我的朋友，我们住在同一城市同一个区：北京市海淀区。从新街口外大街北师大打的到颐和园路北大，不堵车二十分钟也就到了。但实际上，平时我们见面很少，见面大多是在会议，各种各样大大小小的会议，有的在京城，有的是在赴外地开会时的机场上。但有两种时候，我们必然都会在一起。

每年5月的博士生学位论文答辩，只要是我有邀请，文轩最忙也一定赶来北师大文学院，担任我所指导的博士生学位论文答辩委员会的主席。文轩对北师大的支持，对我的支持，我与我的学生都心存感激。这是一种惺惺相惜，为了共同的学术理想与愿景的携手相助，可谓同声相应，同气相求。我也曾去北大中文系，参加过文轩指导的博士生的论文答辩与博士后出站报告的审查。

再一种见面最多的场合，是与儿童文学有关的会议。我与文轩多年担任中国作家协会儿童文学委员会的副主任，因而凡是作协召开的儿童文学会议，包括作协儿委会年会、工作会，儿童文学作家作品研讨会等，我们总能聚在一起。但有一例外，即作协举办的“全国优秀儿童文学奖”等的评奖，文轩从不参加。这时候，他是以作家的身份有作品参评，他是运动员，而我赶鸭子上架被充任为裁判员。

认识文轩至少已有三十年了，如果要挑两个“关键词”谈谈我对他的印象，那我就会选“干净”与“自信”。

文轩在任何时候，穿得都很干净，而且配置十分讲究得体，如果是深色衬衣，必配以浅色外套，反之则外深内浅。秋冬季节围一条绛色条幅围巾，皮鞋永远是亮色的。他的视力很好，从来不戴眼镜。北京夏季阳光炙人，泛着白光，我出门必戴墨镜，以防紫外线伤眼。但我从未见过文轩在夏天戴防护眼镜，也不戴遮阳帽，因而永远是干净清爽的样子。

文轩大概一米七几的个子，略偏瘦，走路腰板挺直，目不旁视。与人对话，总是耐心地静静倾听，眼里闪着诚恳的光。这样一位风姿绰约、干净倜傥的北大教授，无论出现在那里，自然都会圈粉无数，女学生与女作家女编辑对他投以特殊的目光，那是最自然不过的了。

文轩的谈吐举止，都会使人想到他是江浙一带的人。文轩确实也是江苏人，但他不是出生在“人家皆枕河”的苏州无锡，而是出生在苏北盐城。虽然他的家乡也是“人家皆枕河”，但那不是桨声灯影里的秦淮河，而是白茫茫的一片芦苇荡。

有一年，文轩邀我去盐城参加他的文学启蒙老师李有干的小说研讨会，当我驱车穿行在苏北的芦苇荡，第一次惊讶于如此辽阔的水乡与望不见尽头且高过人头的青碧色芦苇，水道两边居然是如苇带一样嵌在湖荡的细长的街道与公路。

文轩就是在这样的环境中长大的，可以说他是被水泡大的，因而文轩之爱干净，包括他的文章之干净优美，完全是地气所赐。文以气为主，气由地脉生。为什么文轩的《草房子》《蜻蜓眼》等小说，总是浸润着氤氲的水气与绵长曼妙的美，你只有到过他的被浩瀚的湖荡包围着的故土，才能产生心灵的颤动。

但孕育文轩长大的水乡，不是温婉的江南水乡，而且更偏于北中国的苏北水乡，于是这就有了不一样的粗粝的风与忧郁的斑驳色彩。为什么文轩的《草房子》《青铜葵花》等小说，总有一种挥之不去的忧郁情调与悲悯风格？你也只有到过他的被浩瀚的湖荡包围着的故土，才能感受审美的律动。

1974年，二十岁的文轩三生有幸，被推荐进入北京大学读书，三年后毕业留校任教。如果以文凭学历而言，文轩只是一个本科生，这在博士成堆、名师成群的北大，需要有多大的勇气与自信才能立定脚跟。

文轩对自己的人生设计与目标确实充满自信。不错，他就是凭着本科学历，一步步地由助教而讲师、而副教授、而教授、而博士生导师，同时又成为名作家。

他曾获得四十余种海内外重要奖项，他的作品被译为英、法、德、日、韩、俄、瑞典等文字出版发行，其代表作《草房子》已经印刷三百余次，累计印数上千万册。

文轩的自信显然来自于自强不息的精神。唐人李咸用的《送人》一诗说得好："眼前多少难甘事，自古男儿当自强。"孟子则从反面强调："自弃者，不可与有为也。"无论是个人还是民族，有自信才能自强，自强才能自立，自立才能引得尊重与荣誉，对于事业如此，对于文学创作也是如此。

2016年4月，文轩在意大利博洛尼亚荣获被誉为"小诺贝尔奖"的国际安徒生奖，这是中国作家首次获此殊荣。文轩在获奖感言中，充分表达了对中国儿童文学的自信：

“获得这个奖项的意义不仅在于对我个人的文学创作生涯的鼓励，更重要的意义是让我们得出一个结论，中国的儿童文学就是具有国际水准的儿童文学。它不是颁给我个人，而是颁给中国儿童文学，我更愿意从这个层面去理解获得这个奖项的意义。它将会改变我们对于中国儿童文学的很多看法，譬如长久以来对我们作品的不自信，认为中国的儿童文学跟世界还有巨大的差距……或许可以说，这个奖项的获得终于验证了我多年前的看法是正确的，那就是中国儿童文学的水准就是世界水准。”

文轩以他的自信与坚定不移的追求，将中国儿童文学推向了一个让全世界仰视的高度。

二　他与经典的意义

多年前，当文轩的作品还没有进入国际安徒生奖评委的视野时，我于凤凰出版集团在北京举行的“感动今生，追随永恒——曹文轩纯美小说系列庆典”会上，发表过如下一段发言，表达了我对文轩小说必将走向世界、改写文学史的坚定看法：

“文学随时代而发展。时代造就了文学，文学影响着时代，所以一时代有一时代的文学，一时代也有一时代的儿童文学。每一时代的文学都有自己的文学经典、文学典型、文学代表。

“百年中国儿童文学是中国文学的重要组成部分，也是世界儿童文学的重要板块。百年中国儿童文学涌现了一批代表性作家，曹文轩即是其中的杰出代表。曹文轩的小说，如《草房子》《青铜葵花》《山羊不吃天堂草》等，不但将中国的儿童小说，也将当代中国小说的艺术创造推进到了一个新的高度。这个高度就是小说艺术的高度，审美情感的高度，文学责任的高度，文化担当的高度，语言力量的高度。

“儿童文学是没有国界的，是真正的世界性文学。曹文轩的小说不但是中国儿童，也是世界儿童的精美精神食粮。我坚定地相信，曹文轩的名字和他的作品，必将写在中国文学史上，也必将写在世界儿童文学史上。

“传世的文学是那些打败了时间的文学，曹文轩的文学必将是打败时间的文学，特别是他的《草房子》。

“祝贺文轩小说的代表作《草房子》突破100次印刷。祝贺文轩的新作——触摸灵魂的图画书即将问世。祝贺文轩的家乡——江苏凤凰出版集团在打造纯美文学精品图书方面所取得的业绩。”

三　他的小说

打开曹文轩的小说作品，一股清新而芳醇的文学女神美的气味扑面而来，如赴深山奇岫幽壑，有美不可胜收者。

文轩对文学的“审美”十分在意，他曾多次重复：“美的力量绝不亚于思想的力量。再深刻的思想都会成常识，只有美是永具魅力的。”由此出发，他明确表示文学不能转向“审丑”，并对文学总被定位在平民化上持疑惑态度。他认为：“对一个国家而言，不强调贵族文化的魅力，而始终在低俗的地方徘徊，是很要命的。就文化而言，‘贵族’与‘平民’并不是一个阶级的概念，而是一种精神价值的概念，一种美学范畴的概念。”（《曹文轩：文学不能转向审丑》）因而曹文轩对“中国当代作家的队伍乃至作品中时刻都能感受到的一种土匪气、农民气、行帮气、流氓气、痞子气”表示出决然的拒斥（《一根燃烧尽的绳子》第489页）。

曹文轩的小说有长篇、中篇、短篇，其内容大多定格于田园乡野与青少年生命世界，近年又力倡“成长小说”。阅读曹文轩小说的最大好处是会把我们的读书口味弄精致，从而产生一种对平庸、丑陋作品的本能排斥。

曹文轩小说的这种审美格调与艺术魅力，大致体现在以下几个方面：

一是忧郁情调。曹文轩认为忧郁是一种高度文化教养的体现，忧郁是美的。“忧郁不是无节制的悲苦，更不是绝望哀号，这是一种很有分寸的情感。”曹文轩最初喜爱忧郁情调，恐怕与他早年贫寒艰辛的童年以及乡村意识与城市意识的冲突有关，但长年的学者生活，使他“加深了这种情调并对这种情调有了一种理论上的认识”，因而对于忧郁情调的营造也就自然成了其小说的一种刻意为之的追求。他承认，他是在“玩味着一种高贵的美学享受——忧郁的甜美或甜美的忧郁”，其目的是想使读者“在气质方面能有些质量”，当代文学需要“这种具有美感的忧郁”。

二是执着美感。曹文轩认为“美的力量常常要比政治的、伦理的力量深刻和长久”，他对文学的美“非常在意，并且有一种近乎偏执的向往和追求”。在具体的文学实践中，他将美放到了很高的位置，努力“将自己的东西写得漂亮一些，再漂亮一些”。这种追求使其小说有浓郁的美感效应。一是作品有画面感，努力用最优美、最纯洁的文字去描绘大自然，在创造安恬的美感之中获得一种无上的精神快感，因而他愿将自己比作为一个画家。再是借助象征创造意境，使作品得到升华，并有耐人寻味的底蕴。如长篇《山羊不吃天堂草》中的一章，用了两万字的篇幅去营造这种意境。

三是田园生活。曹文轩对田园生活的价值有自己的思考和判断：面对现代社会人的生活现代化但情感却趋向简单和生硬这一存在，他深感“文学应承担起调节的职能，当田园生活将要逐步变成历史时，它应当用温馨的、恬静的笔调去描绘田园生活”；面对那些充满生硬的钢铁形象、光电形象而画面上绝无一点山水和田园的卡通片以及不能湿润心灵的“时尚”文字，小说更应当往培养读者的“优雅情趣和宁静性格方面多做一点文章”“使它们不至于全部丢失从前的纯朴的伦理观念”。描写田园生活与流淌在田园山水间的温馨人生，成了曹文轩小说的一个重要特色。

四是语言实验。作家的职业规定了他是用语言进行特别的创造，文学是语言的艺术品。曹文轩认为一个作家必须深刻地感受到自己民族语言的特别长处和能力，小说作家尤应有强烈的语言实验意识，尽可能地发挥语言的功能，在读者能接受的前提下，努力使自己民族的语言显示出万般潇洒，大出风头。

四　他的儿童文学观

“儿童文学的使命在于为人类提供良好的人性基础”，这是曹文轩在《文学应给孩子什么？》（《文艺报》2005.6.2）一文中提出的。拥有小说名家与北大教授双重身份的曹文轩，在潜心创作的同时也在不断思考着中国儿童文学的美学品质与理论话语。

20世纪80年代，他提出了“儿童文学作家是未来民族性格的塑造者”，有力而有效地激活了儿童文学的创作与理论批评。进入新世纪，他认为有必要修正以前的这一话语，提出了新的看法：“儿童文学的使命在于为人类提供良好的人性基础。我现在更喜欢这一说法，因为它更广阔，也更能切合儿童文学的精神世界。”曹文轩从道义感、情调、悲悯情怀三方面立论，认为儿童文学的目的“是为人打‘精神的底子’”。

他认为，儿童文学不仅仅是给孩子带来快乐的文学，也是给孩子带来快感的文学，这里的快感包括喜剧快感和悲剧快感。一部世界儿童文学史上80%都是悲剧性的，安徒生童话的主体也是悲剧的。文轩曾说：“我的写作永远建立在三大基石之上：道义、审美、悲悯。这是我全部文字大厦的基石。”

显然，这是曹文轩站在更高的精神视野来看待儿童文学。

这是超越了狭隘的民族语境，以一种人类文化大视野也即“全球意识”来重新解读儿童文学的价值意义。新世纪儿童文学需要的正是这样一种精神高度。人类在当今世界所遭遇的种种深层次困境和挑战——战争与恐怖、全球性气候变化与生态环境恶化、有限的地球资源争夺与可持续发展、伦理道德的重创与青少年犯罪激增、现代人的生存困境与拯救等，需要借助全人类的共同智慧和力量，包括通过文化与文学这种特殊的精神性力量来修复与拯救人类自身。

童心是相通的，儿童文学是最能沟通人类共同的文化理想与利益诉求的，正如文轩所说：“如果今天有人觉得用神圣的目光看待文学是可笑的话，我想是不会有人去嘲笑用神圣的目光看待儿童文学的……如果他是人父人母。”

五　他的文集

2003年，不到50岁的文轩，出版了9卷本的《曹文轩文集》。2003年是羊年，“三羊开泰”春来早。那天在北大东门成府路上的万圣书园举行的“《曹文轩文集》新书发布会”上，京城的学界与文坛来了一大批教授、作家。这样的盛况只有文轩才有资格享有，因为他既是学者，也是作家。我被会议的气场所感染，写了一篇文章，发表在《中国图书评论》。

我以为，《曹文轩文集》的出版，首先验证了一个事实：作家可以学者化，学者也可以作家化；同时还原了中国文脉的一个传统：文质彬彬，然后君子。

古之学者，治学著撰，必讲文采，所谓“言之无文，行而不远。”因而无论文史哲政经法，总是讲究文藻辞采，斐然成章。司马迁的《史记》是严格意义上的历史学著作，鲁迅的评价是：“史家之绝唱，无韵之离骚。”史家著述，自然注重学术工夫，而离骚文采，则是诗人本色了。《徐霞客游记》是一部杰出的地理学专著，但同时也是一部蕴涵着深厚人文精神与风雅才情的优美散文集。

所以古之学者，一身二任焉，不存在学者作家化或作家学者化的问题。即使在20世纪上半叶的中国学界文坛，学者与作家也往往是一身二任的，不少大学文科教授，不但学问做得好，而且文章也写得妙。后来这一传统几乎遭到中断，王蒙深感学者、作家两相脱节的危机，因而才有“作家学者化”的热切呼唤。

《曹文轩文集》正是对这一召唤的生动而圆融的回答。9卷本文集，学术专著占其四，小说创作占其四，散文与随笔式的学术论文占其一。理性思辨与形象思维水乳交融，学术智慧与艺术创造天人合一，大雅与大俗浑然一体。不容易，不简单，不含糊。

曹文轩，这位来自江苏盐城的书生，这位久居大学深院的文学教授，终于将一个几乎断裂的中国文化传统优雅地接续了起来。作为中国最高学府的北京大学的一位教员，文轩以其学术成就与教学水平晋升为教授、博导；作为一名终日乾乾、不事张扬的作家，文轩则以其小说创作的艺术才情和实质性影响，当选为中国作家协会全国委员会委员。

像曹文轩这样自由出入于“学问与创作”之间的教授型作家或作家型教授，在今日中国又有几人？多者乎，不多也。但是，当代世界文学的一个普遍现象是，不少名动天下的作品大多出自大学院墙；21世纪中国文学复兴强盛的希望之火，正需要有越来越多的“曹文轩”来加以“煽风点火”，进而引成燎原之势，熊熊之火。若如此，则中国文脉接续有望，中国文学胜出有望矣。

六　他的学术文论

曹文轩的学术性文论，给人最深的印象是：学术原创，问题意识，中国话语。这既是学术研究的基本原则，也是学术著作的价值所在。

今日中国学界，学术著作的生产量不可谓不丰。曾有人统计，以现代文学研究为例，30年，6个人（鲁郭茅、巴老曹），少说也有3千研究大军，现代文学论文年产量少说也在2万篇以上（当然未必都能发表）。这里面固然有不少精彩之论，但也无可否认充斥着重复堆垛而毫无创新之学术泡沫。一个知识分子的心灵必须有独立精神和原创能力，一个教授，尤其是人文学科的教授，学术原创能力自然是其起码的必需必具的“谋生手段”。

曹文轩学术文论的可贵之处，正在于大面积地辐射出学术原创的智慧火花与思想芒锋。《中国八十年代文学现象研究》《二十世纪末中国文学现象研究》，对当代中国最具灵性与活力的种种文学现象，做出了一种诗性的、独立的、有空间的理性解析，以话语自身的潜在资质，历史地、辩证地、锐利地坦陈了作者作为“学者与作家”双栖主体身份的深远的审美观念与艺术眼光。

“现象研究”所设置和解读的问题，如：悲剧精神、回归故事、感觉崇尚、激情淡出、重说历史、语言至上、终极追问等等，都在于文学自身，在于文学内部环境和在此内部环境下文学合规律性和合目的性的生态伸展状况，质言之，即在于一时代之文学能否满足该时代之精神需求、提升该时代人类之生命质量。文学是一种灵性的艺术创造，艺术创造是一种自发性和独创性的精神活动。虽然学界研究当代文学的论著可谓不少，但真有真知灼见的并不多，曹文轩的这两部“现象研究”属于不可多得的确有真知灼见的论著范畴。除了作者的学问素养以外，作者对文学的艺术悟性与灵性着实起了不少的作用。

曹文轩对文学的这种切肤感觉，还多重地体现在他的《小说门》《第二世界》以及那本随笔式的论著《一根燃烧尽了的绳子》中。这些论著同样是凸现个性，渗透理趣，融通美感，体现了作者对文学是什么、文学为什么需要和需要什么这一类文学根本性问题的思考。例如关于文学的想象与思维问题、文学作为提高人类生命质量和精神灯火的存在意义、作家的经验与经历的关系等，都给人以新鲜的启悟和深刻印象。尤其是那一部《小说门》——“门”“门类”之门、“门道”之门、“门径”之门、“入门”之门，作者从小说创作的经验、虚构、时空一直谈到悬置、摇摆、风景、结构，可谓道尽了小说艺术创作的种种玄机（自然也是作者自身创作实践的经验甘苦）。

这是中国学者以现代思维系统化地卓有成效地建构小说艺术理论的良好开局，这一开局无论对于丰富中国特色的小说艺术美学，还是促进新世纪小说创作，都具有积极的建设性意义。

尤为难得的是，在中国学界过分夸大西方文化并在文学领域过分钟情于大文化批评的格局中，曹文轩的思想暨文字却背离时尚亮出了坚守“中国话语”的独特立场。他的理论著作所探讨的都是文学自身特有的现象与问题，所有现象与问题的解析都是以阅读文本为前提，而所有的文本阅读又都是放在中国的特定时空之中，其目的与作用都是为了使文学更加文学，使小说更加小说，使作家更像作家，使文学批评真正返回到文学自身。当人们忧心忡忡地哀叹文学的“边缘化”“失语症”之时，曹文轩从来没有“边缘”也没有“失语”，对他来说，任何时候自我都是世界，他永远是他的话语中心。

作为一个有着自己明确的审美理想与学理判断的学者，曹文轩的学术著作似乎并没有按照时下的学术规范放弃个人的心性与经验，恰恰相反，而是将学术研究所必需的理性思辨与对文学进行学术研究所必要的艺术悟性也即其作为作家自身的经验与个体心性紧密地结合了起来，因而曹文轩的理论著作与时下习见的学术操作方式明显地有了区别。这是曹文轩学术研究的特点，我认为，这一特点也正是“文学”研究所需要的，毕竟文学是最讲究灵性与悟性的。

七　我对他的评说

北京大学中文系孔庆东教授有一次对我这样说："我在北大开设各体文学课程，其中的儿童文学部分，我是直接'照抄'了你的不少理论观点。在当今中国，儿童文学创作，我们北大文轩教授是第一人，而理论第一人，则是北师大王教授您。"对于孔教授的如此评说，我只能同意他曹文轩是创作第一人的观点。

数年前，我写过一篇《中国儿童文学十作家论》的文章，对每位作家给出不超出300字的评说，我对文轩的评说是这样写的，现在把它抄录下来，用以结束这篇散说：

"刻骨铭心的苏北水乡少年记忆与悲天悯人的北大教授人文情怀，使曹文轩永远跋涉在'追求永恒'的精神大漠。他的作品崇尚人的感情、格调、欲望，关注人的精神、灵魂、境界，以富于个性的鲜活艺术形象，有力而有效地表现出现代中国儿童的生存体验及其根本的历史缘由，并把所经历的苦难艺术地转化为精神资源。他的作品一方面深深地扎根于现实土壤，同时又拓展出广阔的想象空间，富于理想主义与浪漫色彩。他对中国式'成长小说'与'幻想文学'的艺术探索，对小说的形象、结构、场景特别是语言的探索，充盈着理想智慧的光芒，有力地增强了中国当代文学与儿童文学的美学品质、文体秩序与世界影响。”

（2017.5.25）

金波先生叫我们捡回一个“宝”

诗人、儿童文学作家金波先生，是我素所敬仰亦师亦友的长者。十多年前，我从外地调到北京谋生，因而我们经常在会上会下见面，电话不断，可谓“老友”。我知道金波先生写过许多儿童歌词，流传久远，如《在老师身边》《海鸥》《把心贴着祖国》《红蜻蜓》等，但我万万没有想到，我儿童时代最爱吟唱的那首《勤俭是咱们的传家宝》，词作者竟也是金波。我是在上海《儿童文学选刊》上读到金波先生的文章《我又找回了一个‘宝’》，这才第一次知道。

那天我放下选刊，立刻给金波先生打电话，兴奋地对他说：“这首歌我从小就爱唱，至今难忘。你叫我们捡回了一个‘宝’……”

可以说，我是唱着《勤俭是咱们的传家宝》长大的。儿时读书唱歌，只记内容，不会去关心作者姓名，因而这首歌的词曲作者一直不知，但歌词我至今依然记得一清二楚：

勤俭是咱们的传家宝，社会主义建设离不了，离不了。不管是一寸钢哎哟一粒米，一尺布，一分钱，咱们都要用得巧。好钢要用在刀刃上，千日打柴不能一日烧，不能一日烧。（下阙略）

这首歌分上下两阙，进行曲节奏，有民歌味道，唱起来爽口提气，活泼欢快。那时全班小同学一边齐唱，一边拍着巴掌，摇头晃脑，直唱得声震瓦屋，十分来劲。

金波先生是1958年上大学二年级时写的歌词，我是在读小学三年级时学唱的。我们传唱的年代正处于总路线、大跃进、人民公社“三面红旗”，以后又遇到“三年困难”时期。当时全国上上下下都在倡扬自力更生、奋发图强、艰苦奋斗、勤俭建国，因而金波先生的这首歌自然而然传遍各地，响彻校园。

我是在浙东曹娥江畔的一座小镇读完小学、初中的。我至今忘不了，我们唱着这首歌，春耕夏种秋收时节，参加学校组织的生产队劳动，我们捡过麦穗，插过稻秧，摘过茶叶，挑过堤埂，还放过学校勤工俭学饲养场里的山羊。我更忘不了，我哼着这首歌，帮大人干家务活，干得最多的是去清澈的曹娥江担水，由小水桶到中水桶再到大水桶，年龄一年年增长，力气一年年增大。

我是喝曹娥江水长大的。那时候，清澈的曹娥江水可以直接用来淘米烧水做饭，从曹娥江河沙里挖来的黄蚬烧梅干菜，是家家户户最爱吃的靓汤。可我万万没有想到，当我多年后再回家乡，曹娥江的黄沙已被当作建筑材料挖光了，沙老板又把目光转到了江边的沙地；两岸的企业已使江水变质了，人们再也吃不到“黄蚬汤”，更不能直接用曹娥江水烧水做饭了。我站在江边，不由唱起了《勤俭是咱们的传家宝》，为什么一部分人靠淘沙腰包鼓了，家乡的面貌也变了，但流淌了千万年的曹娥江水却在我们这一代人手里被污染了呢？当子孙后代知道曹娥江水曾经可以直接用来烧水做饭，曾经有过的黄沙滩与“黄蚬汤”，他们会不骂我们这一代人吗？

“勤俭是咱们的传家宝……千日打柴不能一日烧……”周围的家乡小朋友不清楚我在唱什么歌，有的还在窃笑，因为他们从来没有唱过这首歌。不知从什么时候开始，金波先生的这首歌销声匿迹了，“勤俭”二字也被屏蔽得差不多了。人们更多地听到的是“能挣会化，拉动经济”。至于“新三年，旧三年，缝缝补补又三年”早已成了不耻出口的老皇历，而什么“楼倒倒，桥垮垮”则几乎使人听得麻木了。

从我住的小区到任教的学校，要经过一条热闹的街市。我在大街路过时，隔不多久就会看到“关门甩卖，门面转让”的告示，很快店面易主。新店主进场头一件事就是将上家店主的装修统统砸掉。这一砸，几万几十万甚至上百万的资源就变成了垃圾。砸完后便是重新装修，又把几万几十万甚至上百万的资源扔了进去。接着敲锣打鼓开张营业……没想到一年半载过去，“门面转让”的告示再次登场，“叮叮当当”的打砸声再次响起……

如此一遍遍地砸了又装、装了再砸“前赴后继”的市场景观，真个是“能挣会化，拉动经济”，大家似乎都很忙碌，都在闷声发大财。殊不知有限的资源、原本可以留给子孙的资源却在这一片“叮叮当当”声中被消耗殆尽。至于逢年过节送来送去的那些茶叶、月饼、手礼的豪华包装，一转手就当垃圾扔掉，还有酒席间餐桌上的浪费……唉，不说也罢。让我这个曾经唱着《勤俭是咱们的传家宝》长大的人，看了实在心痛。

面对无序而又无奈的现实，我们今天还需要继承“勤俭节约”这一中华民族的传统美德吗？“克勤于邦，克俭于家”“取之有度，用之有节”这些古训今天还有价值吗？

在一次生态环保与原创文学研讨会上，我提出了自己的观点，我认为“当今人类社会的主要矛盾是人类无节制的甚至疯狂的索取与发展和有限的地球可供资源之间的矛盾。发达国家要发展，发展中国家要发展，欠发达国家也要发展，地球的每一个角落都在开发，而地球的资源毕竟是有限的。对此现实，人类有两种态度：一种是盲目乐观主义者，认为煤挖完了有石油，石油用完了用核能，地球资源消耗尽了可以移民其他星球，人是有办法的，‘儿孙自有儿孙福，不为儿孙做马牛’，心安理得吃子孙饭；另一种则是现实忧患主义者，他们奔走呼号，大声疾呼，著书立说，呼唤人类善待生命，善待地球，保护生态，节约资源，保障可持续发展，为子孙后代积德留福。”从一定意义上说，为儿童写作的儿童文学作家在骨子里属于后一类人，因为儿童文学着眼的是民族下一代，服务的是未来社会的小公民。

我相信，金波先生属于这一类人，因而当他偶然听到今天有人还在唱《勤俭是咱们的传家宝》时，便兴奋地写下了《我又找回了一个‘宝’》。我明白我自己也属于这一类人，因为我至今仍爱唱《勤俭是咱们的传家宝》，同时希望新世纪的少年儿童也爱唱这首歌，希望在拉动经济的同时不要丢了我们民族勤俭节约的美德……

（2013年1月6日）

拜访“纸帐铜瓶室”主郑逸梅

在20世纪90年代中国作家协会会员中，高寿且笔耕不辍者当为上海文史掌故作家郑逸梅先生。郑逸梅先生生于1895年，比我先祖父还要大十岁。这位出生于苏州的寿星作家，从1912年17岁为《民权报》撰稿开始，已经在文坛整整耕耘了70多年。他一生写了700万字左右的作品，已出版的单行本约50多种。

80年代，郑老写作的劲头益发旺盛，年年有新著付梓，出版有《艺林散叶》《逸梅随笔》《艺坛百影》《清末民初文坛轶事》等15种，我是见一本买一本。但郑老毕竟是耄耋老人了，他的手腕运用已不太灵便，碍于握笔。

1989年初，我收到信末署为“逸梅病腕”的郑老亲笔来信，问及拙著《华夏姓名面面观》出版事，文字不长，照录如下：

“泉根先生多时不通音问想兴居迪吉为颂尊著华夏姓名面

面观未知已出版否倘已问世能否设法代购一册邮寄下当按定价汇奉书费不误万万不能赠送因近年来书价甚昂作者难以负担也匆此敬颂撰祺”（注：原信无标点）

此时，我也恰好收到《华夏姓名面面观》样书，立即挂号寄奉郑老，并写明“万万不要寄书费来”。不久，我收到郑老寄赠的新著《郑逸梅小品》《掌故小礼》，另有郑老的公子郑汝德先生的附信，信中说：“家父因年迈，有时信件由我代复，我亦花甲老人矣！”

事出偶然，1990年10月，我有机会去上海开会。15与16日两天，会议主办方组织中外来宾去杭州西湖游览，我未去杭州，特意留在上海访问与逛书店。16日这天，专程拜访了郑逸梅先生。那时通讯不便，郑宅也未有电话，我是冒冒失失前去叩门的。

那天上午8：30，我在徐汇区上海教育国际交流中心（桂林宾馆）搭乘出版社的车子，到延安西路下，转71路公交到静安寺下，先找商场去买了一瓶“参龙长寿酒”（东北产，价19.80元），作为送给郑老的礼物。又在静安寺坐76路公交，到澳门路下，11：15终于寻到郑老住处：长寿路160弄。

这是一条短短的弄堂（胡同），位于长寿路/江宁路口附近，弄口有复康商店、时新鞋帽商店等，附近还有长寿大酒家、上海纺织工业设计院等。著名的郑逸梅“纸帐铜瓶室”就处于这车水马龙“熙熙攘攘皆为利忙”的商圈包围之中。弄堂内有六幢二层高的石库门老宅，左右各三幢，闹中有静，路边摆放着花钵，十分整洁。

长寿路160弄1号是石库门老宅，前门关着，经打听，郑老住在1号后门。后门的木栅栏上挂着一张纸板启事：“郑逸梅老先生因高龄体衰，来访请于下午二时至四时（上午不会客），谈话请勿超过半小时，谢谢！郑宅。”

已近午餐，我自然不能现在造访，我是先来“侦察”一下，以便下午再来。于是去寻饭店，解决了肚子问题，又去玉佛寺参观。下午2：00，我终于叩开了敬仰已久的郑宅。开门的是郑老之子郑汝德先生，他问明来意，热情地把我引到楼上（后楼）的“纸帐铜瓶室”。

过了一会，逸梅老人从卧室进来了。95岁的郑老精神还不错，步履缓慢，他在藤椅上坐下来，慢悠悠地与我交谈，思路十分清爽。

他说，今年4月因中风住院半个月，“住院如同吃官司”，稍有好转，他就坚持回家了。现在每天上午仍在写作，写1—2000字（以前每天写2—3000字），下午休息、会客、看书，晚上7点半就睡了。极少出门，也不下楼。一家计有五人，四世同堂：郑老、子汝德、媳、孙女有慧、曾外孙。现在主要在给香港《大成杂志》月刊的“人物专栏”写文章，每篇7—8000字，已连续写了7年。

郑老告诉我：今年黑龙江人民出版社将出版《郑逸梅选集》，从已出版的20多种书中，选出10种，合为三大本，200余万字。

郑汝德先生在一旁说：郑老患有白内障，需开刀，但国内技术不过关，钱君匋、吴青崖是去美国开的刀，十分成功。但郑老已九十五了，显然不会去美国做手术。白内障是老年病，只能走一步看一步。

郑老因右手腕有关节炎，写字颤抖，加之现在又患白内障，写作较困难，只能摸索着写出文字的笔划，故所写文字，要由人誊抄清楚方可投寄报刊。但郑老说，香港印刷厂的排字工人技术好，他写的原文居然可以不必重抄就能排版。因“文革”期间郑老被罚扫地，可谓“斯文扫地”，他特请人刻了一方“扫叶老残”的印章；又将室名取为“秋芷室”，谐音“臭知识”之意。书房面北，夏有骄阳，冬有北风，有关部门曾给郑老家分了一处新房，因在五楼，郑老行动不便故未搬迁。

我坐在心仪已久的“纸帐铜瓶室”，心意暖暖。这是一间靠北的小楼，大概只有五六平方米，墙上贴有“纸帐铜瓶室”

的斋室横幅，为郑老亲笔手书。室内仅一床（行军床一样的小床）、一书桌、一平柜（刻有“逸梅著述”四字）、一藤椅，再加三、二个书架，只有一个玻璃书柜比较像样一点。床下、架上，到处是一包包捆扎起来的图书资料，有客来，室内就周转不开，来客只能坐在行军床上。

郑老之所以把他的这间小北楼书斋命名为“纸帐铜瓶室”，实在是因爱梅之故。郑老本名鞠愿宗，父早殁，依苏州外祖父为生，改姓郑，谱名际云，因为本性酷爱梅花而启用“逸梅”之名。古人的咏梅诗中，多有纸帐、铜瓶之类的描述，若是直接在室名中嵌个“梅”字，则显浅俗，而用“纸帐铜瓶室”，自然雅韵深涵，且藏“暗香浮动”之意，真可谓匠心独具了。

郑老在《纸帐铜瓶室记》一文中曾如此描述这间小楼：“余吴趋人也，旅食沪壖，遂以传舍为定居，垂五十寒暑矣。且榜其居曰纸帐铜瓶室。……顾纸帐铜瓶之为室，小楼一角，仅堪容膝，客至五六人，则并匡床扩尔为之座，局促似辕下驹矣。余偃蹇于斯，啸傲于斯，掉翰操觚于斯，一箪一瓢亦于斯。春之花，秋之月，囿而未克尽领其消息与精神也。……然萧晨寥夜，兀坐室中，不觉驰情兴象，断编零缣，俄而卷轴纵横矣……”

郑老出版的书，我是见一本买一本，每每读到精彩心动之处，必摘抄笔录，并想象郑老如此丰富广博的文史掌故，必有纸帐铜瓶室丰富的藏书作支撑。我想象中的纸帐铜瓶室应是四面书墙、架插卷轴并有古玩古董的陈设，我真不愿相信纸帐铜瓶室会是“小楼一角”。

今亲临郑老笔下之“纸帐铜瓶室”，果然是局促一角之小楼，而且是朝北“喝西北风”。但郑老却在此安居五六十年，更逢“熙洽盛世，退老有禄，寝馈无虞，乐我余年，忘其秉烛。”“随遇而安，深为矜喜，有不知其手之舞之足之蹈之者。”今见郑老陋室，始信“山不在高，有仙则名。水不在深，有龙则灵。斯是陋室，惟吾德馨”矣。

正是在这间小小的书房兼会客室里，郑老写出了《艺林散叶》《逸梅随笔》《艺苑琐闻》《掌故小札》《书报话旧》《近代名人丛话》《郑逸梅小品》等使吾辈爱不释手、获益良多的文史随笔散文。

郑老之作早岁多用文言，晚年文白间杂，笔墨卷舒之中，人情练达之处，炉火纯青，简练含蓄，饶有风致，融知识性、史料性与艺术性于一炉。郑老以别具一格的小品文体和文白间杂的语言风格深得我心，我有时私下摹仿，并自许为郑门“私淑”。

我望着堆放在床下、架上那一包包捆扎起来的图书，既感慨郑老书房之局促竟容不下这些书籍亮相，又深深敬佩老人家博学广闻惊人的记忆力与超强敏捷的才思，晚清民国以来的多少文史掌故、名流轶闻、人间百态，早已在他的脑海中定格融化为一篇篇一幅幅精妙的文章与画图，因而用不着再去翻书检册查资料了。

与郑老交谈了约半小时，忽进来一位中年人，应是郑老家的常客，他说是南社费公直的外孙，在铁路部门工作，找郑老有事。怕影响来客与郑老的交谈，我便起身告辞，将那瓶"参龙长寿酒"送给郑老，祝他老人家健康长寿。

我从书包里取出傻瓜相机，请费公直的外孙摄影。在向往已久的纸帐铜瓶室，我站在郑老的藤椅后，定格下与郑老的珍贵留真……

（2017.4.14）

谢晋：我们亲爱的上虞老乡

1923年11月21日，谢晋出生于浙江省上虞市谢塘镇。2008年10月18日，谢晋在上虞市府所在地百官镇逝世。一代电影大师，魂归故里，故乡的山山水水，永远牵挂着他，呵护着他，顾佑着他。

谢晋，字灵运，号肥水。他的名字是祖父取的。谢晋的名、字、号深植于上虞的历史文化。位于浙东宁（波）绍（兴）平原的上虞，自秦朝置县，一直未改其名，迄今已有2200多年历史。上虞在历史上长期为绍兴府所辖，现在也属绍兴市管，因而出门在外的上虞人，通常自称“绍兴人”。

谢姓与王姓历来是绍兴—上虞的大姓望族，这两姓的历史与晋室南渡的“王谢”密切相关。谢晋的老家谢塘镇，是由东晋名相谢安后裔迁此定居而成规模，旧称“谢家”。后因谢家为御水患，集资自夏盖山至小越横山修筑湖塘（堤）一条，名谢家塘，遂以塘名镇。民国时期，谢塘镇一度改为“灵惠镇”，用以纪念谢安后裔南朝宋山水诗人谢灵运与文学家谢惠连。成语“东山再起”的出典就在上虞曹娥江畔的东山。隐居东山的东晋名流谢安，屡次谢绝征召，年逾四十才出仕，从上虞出发，经世致用。后坐镇建康，运筹帷幄，决胜“淝水之战”，打败前秦苻坚80万大军，彻底扭转乾坤，奠定了东晋江山基业。

谢晋生前说过：“据族谱记载，我是谢安的53世孙。上虞东山就是成语‘东山再起’中的东山。”先贤谢安临危受命、东山再起，以退求进、以少胜多、以弱胜强的大无畏精神，深化为一种文化基因，深深植根于上虞，也内化为谢晋的精神资源。谢晋的名、字、号，充分体现了以“东山精神”为核心的上虞古文化对一代电影大师谢晋的深刻影响。

谢晋的名字已与20世纪的中国文化记忆密切联系在一起。在20世纪“百年百部优秀电影评选”中，谢晋导演的电影就独占8部。20世纪下半叶的中国人，如果没有《红色娘子军》《舞台姐妹》《春苗》《鸦片战争》等电影可看，他们的精神生活又将会如何？

谢晋的电影元素，既有着掷地振玉、气吐虹霓的中国文化博大气象，又有着灿若披锦、炳如绘素的江南山水诗心流脉，可谓文中鸣凤，影业骐骥。谢晋用电影符号，引领人们一起解读中国的过去、现在，用电影为20世纪的中国文化，也为他自己和他的家乡上虞筑起了一座不朽的纪念碑。电影是谢晋的生命，是其心血铸就的智慧结晶，也是他用以安身立命的资产。

谢晋从选择电影那一天起，就把电影作为了终生相依相偎的精神伴侣。尽管在晚年，他常常为筹措资金拍摄新片而烦恼、焦虑，但离开了电影，他又能干什么呢？他为电影而幸福，也为电影而痛苦。他的儿子谢衍说："他有很幸福的一面，也有很痛苦的一面——现在商业社会整个都变了，他不拍那些武打的东西，不会迎合；他一直想拍电影，现在找资金不是很容易，拍片机会比较少，我想这方面他很痛苦。"应该承认，作为电影大师谢晋的晚年，痛苦的成分似乎多了一些。

2003年2月8日，谢晋80岁那年，他的家乡上虞市为他举行了隆重的"庆贺乡贤谢晋先生八十寿诞"活动。地方官员、文化人士、外地赶来的乡贤名流，一百余人，济济一堂。谢晋在寿诞上激情致词，他留给乡亲最动人的声音是："我是上虞的儿子，谢塘的儿子。"他把家乡誉他为"乡贤"视为最佳头衔。谢晋每次回上虞，都要去东山。东山虽只有200多米高，但名气实在太大，李白、杜甫、陆游都去过东山，还留下了大量诗篇。东山有着谢晋老祖宗的踪迹，而且从前东山还是谢家的产业。

谢晋生前曾多次对乡人表达过自己的遗憾：“我一生拍过36部片子，应该也算功成名就，有人说我衣锦还乡。我是个很传统的人，我以前为什么很少回到故乡，即使来拍《春苗》那个时候也不敢惊动父老乡亲，因为我没有东西。现在我来了，因为我有东西向父老乡亲汇报了，可以有一个交代了。但是我有一个遗憾，我到现在为止没有真正意义上为我自己的故乡拍过一部片子，我觉得愧对父老乡亲。每一次到家乡来，都有很多人问我，什么时候为我们自己的家乡拍一部片子？” 拍电影要有剧本，谢晋希望这个剧本由上虞作家来写，“一部真正的力作”。

谢晋希望写100年的历史，100个人物，全景式的，从章镇写到松镇。上虞当地有句顺口溜，叫“上有章镇，下有松镇”。“这两个是经济文化最发达的地区，希望把这两个镇合起来写，包括上虞很有名气的青瓷都融合到这样一部作品中，我来执导，这样我对家乡就有交代了。”

青少年时的谢晋，曾求学于上虞白马湖畔的春晖中学。那是一所以“与时俱进”为校训、曾经汇聚了夏丏尊、丰子恺、朱自清、朱光潜等现代文化名流任教的江南名校，校园里至今还保留着李叔同的“晚晴山房”。今年10月19日，是春晖中学建校100周年庆典，谢晋特地从上海赶去上虞参加。谁知这一去，谢晋就永远留在了故土。谢晋希望为家乡拍摄一部“从章镇到松镇”的大片愿景，也永远成了遗憾。

我与谢晋先生同是上虞人，他是我心目中的大师、故乡的骄傲。2001年12月22日晚上，我在人民大会堂参加“中国文联第七次全代会、中国作协第六次全代会”的联欢晚会上，万分高兴地见到了谢晋先生。我们用一口纯粹的上虞方言交谈着家乡上虞的变化。当他知道我是上虞章镇人时，马上脱口而出：“‘上数章镇，下数松镇’。章镇是曹娥江边的好地方，那里的茶叶很有名。”

此刻，当我从书柜影集中取出那天晚上与谢晋先生的合影，先生的爽朗笑声与豪迈举止历历在目，仿佛还是昨天的事。谢晋先生，你怎么就这样走了呢？你还没有为你深爱的家乡拍过一部电影呢？

遥望南方，心绪涌动，我在心里默默地说：谢晋先生，我们亲爱的上虞老乡，您永远留在我们心中，永远留在中国电影、中国文化的记忆中！

（2008年10月26日）

张良与五缘文化

“五缘文化”不是我的发明，这也不是一个严格的学术名词，而只是一种文化研究的视角。作为“汉初三杰”之一的张良研究，可以说是一个常说常新的话题，人们可以从不同视角与研究方法，探讨张良本事及其张良研究的历史性与当代性。本文试图从“五缘文化”的视角，提出对张良研究的一些看法，希望有助于深化新时代张良研究的当代价值与文化意义。

中国传统文化讲究缘分，缘是人与人之间在交往中建立起来的一种亲密关系，如父子、夫妻、朋友、亲人、师生之间。陌路人如果经常相遇，也会被不经常相遇的人的关系更有缘分。显然缘分是人与人之间无形中的联结，它是某种必然存在的相遇的机会和命运共同体的可能性。

缘分的这种人际因缘性质，在以群体为本位的中国文化中自然有着适宜生长的土壤。中国文化强调家、族、宗、国，以家为中心，以群体为本位，重伦理，重人心的向善。相对而言，西方文化强调的是人权、个性、独立，以个体为本位，奉行的是个人主义，人际关系主要靠契约关系来维持，因而，西方人际关系的契约原则很难理解东方式的缘分。

五缘文化正是建立在中国文化以群体为本位、以缘分为亲密关系的基础之上。因而张良研究的五缘文化视角自然有着充分的合理性与可行性。五缘文化吸取道家“六亲和睦”和儒家的“五伦”观念，包括亲缘、地缘、神缘、业缘、物缘。

一

亲缘即宗族亲戚关系。亲缘有血亲和姻亲之别，包括父族、母族和妻族。中国传统社会长期是以“父为子纲”为人伦核心的父系社会，建构起了以姓氏为标志结合起来的同父共祖的血亲人群，其组织形式就是同姓同宗的家庭、家祠、宗亲会等。

考察张良的亲缘文化，我们发现张良（？—前186），出生于张姓望族，《辞海》载“相传为城父（今河南宝丰）人，祖与父相继为韩昭侯、宣惠王等五世之相”。作为与韩信、萧何并列为“汉初三杰”之一的张良，在张姓姓氏史上有着极其重要的地位与历史影响，是张姓姓氏史上的重量级人物，因而张姓的姓氏文化体系如郡望、堂号、姓氏堂联等，都与张良紧密相连。试以堂联为例，张姓著名的堂联有：

△齐家公艺；治国子房。

上联典指唐代张公艺，善于治家，九世同居。唐高宗封泰山，还幸其宅，问本末。公艺书“忍”字百余以进，帝善之。下联典指汉初大臣张良，字子房，为刘邦谋士，佐其灭秦楚。汉朝建立，封留侯。

△泉源在庭户；世界接人天。

此联出自陕西省留坝县紫柏山张良庙联，移用为张姓堂联。

△兵书三卷桥边授；忍字百篇家内藏。

上联典指西汉张良遇黄石公，得《太公兵法》事。下联典指唐代张公艺以忍持家事。

二

地缘，即是同一地域的邻里乡党关系。“君自故乡来，应知故乡事”，出于同一地域的小同乡或大同乡，在讲究缘分与群体关系的中国传统社会中，自会产生一种亲和感与认同感，其常见的组织形式便是各种同乡会馆。

具体到历史名人，地缘亲和与认同就会放大为“名人故里争夺”现象，也即普遍的群体心理潜意识中认同名人与自己有邻里乡党关系，是自己的小同乡或大同乡。其表现形式集中在名人的出生地与墓地的争夺上。最著名的如诸葛亮故里有河南南阳卧龙岗与湖北襄阳卧龙祠，张良也同样，张良的出生地与墓地历史上也存在着多样性。史载张良出生城父，而战国时的城父有两处：

一属颍川郡（今河南宝丰），汉改名为父城；另一为东城父，属沛郡（今安徽亳州）。

张良的墓地史载至少有五处：

一在河南兰考县。今兰考县城西南六公里的三义寨乡曹辛庄有张良墓，墓冢高10米，周围长100米，保护区面积35000平方米。据传，刘邦死后，吕氏专权，张良便托病隐居于东昏县（今河南兰考）西南的白云山，死后就葬于该地。

二在山东济水之北。据《汉书》记载，张良死后葬济北（今山东济水之北）谷城山下黄石。

三在江苏徐州沛县。据唐代《括地志》记载：“汉张良墓在徐州沛县东六十五里，与留城相近也。”又载：“故留城在徐州沛县东南五十五里，今城内有张良庙也。”当初刘邦封侯的时候，曾许诺让张良“自择齐三万户”。张良以在留城与刘邦首次相见为由，要求封给他留。既然张良封地在留，死后葬于留城附近，应符合常情。

四在湖南张家界。张家界的青岩山也有一座张良墓。

五在山东微山县。微山县微山岛南麓也有张良墓，墓东侧原还有张良祠。

张良的出生地与墓地的多样性，无疑这是中国亲缘文化的典型反映，亲缘对于名人的邻里乡党关系的认同与争夺是出于一种人伦观念，说明凡是有功于民族的忠臣良相，早已在人民心中刻下了丰碑。所以无论张良的出生地与墓地在南在北，都是一样具有文化价值的。须知，中国文化中的亲缘认同，是将伦理道德放在首位的，人们会争夺诸葛亮、张良的出生地与墓地，但绝不会去争夺奸相秦桧的出生地与墓地。

三

所谓神缘，即是以共同宗教信仰和共奉之神祇为崇敬对象而结合的人群关系，其组织形式便是神社、教派等。证之张良，与张良最有缘分的神缘自然是中国本土宗教道教。道教的创始人是东汉张陵张天师，张陵死后，共子张衡继传其业；衡死，其子张鲁又继之。所以道教与张姓关系十分紧密。

作为张姓名人的张良，在道教发展史上自然也会成为一个重要人物。张良与道教的关系，据《仙传拾遗》记载，张良曾遇黄石公授《太公兵书》，读后便能应机权变，辅佐汉高祖刘邦平定天下。张良还以此书修身，能炼气绝粒，轻身羽化。与绮里季、东园公、角里先生、夏黄公，为云霞之交。后解形于世，葬龙首原。赤眉军起义，有人发其墓，但见黄石枕，化而飞去。

相传张良登仙后，位为太玄童子，常从太上老君游于太清之中。其八世孙张道陵亦得道。又据《巢县志》记载，巢县白云山有子房洞。相传为张良辟谷隐修之地，后人置祠，岁奉香火。又陈县（今河南开封东南）天授观为奉祠之所，宋政和年间封为“凌虚真人”。

四

业缘，即以同业和同学关系而组合的人群，如各种学会、协会、研究会、同业会等。随着历史名人研究的深入，特别是根亲姓氏文化在各地尤其是在中国姓氏祖根地第一大省河南的深入推进，各地张姓宗亲与张姓研究会，以及历史文化学者，对张良的研究都有各种不同的成果。

这次在禹州召开的张良文化高峰论坛，就由河南省姓氏文化研究会张姓委员会与河南省社科院历史与考古研究所、河南时代报告传媒集团、禹州市政协等单位共同举办，并将在禹州创建张良书院，这充分说明业缘文化的凝聚力，希望借助业缘的平台，“弘扬张良文化，传承民族精神”，这是很有意义的一件文化盛举。

五

最后谈谈物缘。物缘是以物（如土、特、名、优）为媒介而发生关系并集合起来的人群，如相关的行业协会、研究会等。显然，在张良研究上，现在似乎还没有产生以张良为符号的产品，不像曹操研究，曹操的家乡安徽亳州就有与曹操有关的古井贡酒，河南、陕西等地还有出于曹操诗句“何以解忧，唯有杜康”的杜康酒。

虽然在张良研究中，我们还没有发现与张良有关的物缘文化物的产品，但却有与张良密切相关的另一类物的载体，这就是纪念张良的古迹遗址，最著名的有两处：

一是陕西汉中市留坝县的张良庙：位于秦岭南麓紫柏山下，始建于东汉末年，张良功成身退隐居之地，是全国最大的祭祀张良的祠庙，也是道教“十大洞天”之“第三洞天”。张良庙有6大院，150余间殿宇，总面积14200余平方米，为陕西大型祠庙之一。庙内现存摩崖碑100多块，木匾50多面，木、石刻对联30多副。张良庙依山傍水，古朴典雅，终年云霭缭绕，颇有仙家灵气，以张良殿、授书楼、挂甲垂柏最为著名。

二是湖北咸宁市通城县的黄袍山。相传张良助刘邦平定天下后，即寻其师黄石公居住的通城县张师山。张良在张师山相距约50公里处访得一风景宜人的黄袍山隐居下来，并修建了“良山道观”，创办“伐桂书院”，书院古石碑仍存。黄袍山后人为了纪念张良，为其修建了圯桥和石墓。

最后，我要说说与张良最有缘分的另一种物缘文化，这就是张良成语。据查证，古今成语出于张良事迹或与张良有关的成语至少有以下18个，这在中国名人研究与中国成语中是很少见的，兹辑录如下：

运筹帷幄，决胜于千里之外，独当一面，明修栈道，暗度陈仓，萧规曹随，孺子可教，羽翼已成，一举千里，倒置干戈，使羊将狼，立锥之地，借箸代筹，不胜杯勺，魁梧奇伟，忠言逆耳，蹑足附耳，啧啧称赞。

（2018.10.14）

文化与人生的三段式

梁漱溟的《东西文化及其哲学》认为天地万物都是人类大意欲的表现。大意欲的具体表现营造为一股无形的力量，不断推动人类进步。人类全部生命正是这种盲目力量的体现。正是这种意志——大意欲的个别具体化——和实现这种具体化时所遇到的障碍之间的争斗构成了生命历程。人类文化的不同可以归结为“意欲方向”的不同或是意欲据以处理环境中障碍的方式的不同。

梁由此提出了人类三种表现不同“方向意欲”的（范式的）文化类型：一是西方文化。它是意欲规则或标准的方向。反映了人视为动物性的生存取向，即对饮食男女（食物、住所、生殖）等的需求。为了达到此类欲求，需克服环境并满足这种基本的欲求。西方文化的所有特征和成果如科学、民主、征服自然的力量等，都是沿此意欲方向发展起来的。二是中国文化（儒道），其基本方向是趋向于自我和环境的协调。也即意欲本身的需求和环境之间取得一个平衡。此种文化类型关注的问题是：追求感性上满足的生活并获得极大的内在惬意感和生活的快乐。三是印度文化，意欲回复到自我的否定。在第三种文化的最后阶段，人类意识到世界不过是一种幻觉，因之要寻找绝对的觉悟。

梁认为人类的大意欲（以上三种意欲方向的文化类型）有着某种程度上的固定顺序，每一种意欲方向都应在人类进化的相应阶段上胜过其他方向。在人类生存的原始阶段，人们企图通过改变环境以满足自身有机体的基本欲求（第一阶段）；当此基本欲求满足之后，开始意识到获得情感丰富与生活本身的乐趣（第二阶段）；当获得了内心满足和外部物质财富之后，他们面临着要意识到生命的真正永恒的问题：意欲突破尘世的暂时性和死亡的必然性，此即第三阶段。在此阶段，人类从对自身和外部世界的错觉中解脱出来，向往最终获得涅槃的绝对快乐。以上是美国艾恺解读梁漱溟文化三段式后的概括。

人类大意欲有此三段式，三种方向，三种文化类型，作为生命个体之一生，也何尝不是如此。

人一生之大意欲，也可分为三个阶段，三种意欲方向，三种“文化”类型（人在幼年时期，天真未凿，浑噩童蒙，故可以不计，不列一个阶段）：

青年时期——追求物欲的满足（生存需求），感官的刺激（生殖需求），重在向外部求索（求职求婚求功利位势）。充满骚动，如夏之炽热。此亦如同西方文化。故可曰西方文化是人类青年期的文化。

中年时期——经过前一阶段的打拼追求历练坎坷，物欲已经满足，性欲也通过婚姻形式得到体验，蓦然回首，这才意识到需要抓紧时间充实后半辈子的生活。西人曰："人生从四十岁开始。"中国的梁实秋说："中年的妙趣，在于相当的认识人生，认识自己，从而做自己所能做的事，享受自己所能享受的生活。"于是寻求精神的协调，生命的安详，重在内在的惬意，充满稳健，如秋之成熟。此亦如同中国文化。故可曰中国文化是人类中年期的文化。

老年时期——经过青年期的向外（外宇宙）搏击、中年期的向内（内宇宙）调适，已经看透尘世，了悟人生，对名利场不再留意（孔子曰："五十而知天命，六十而耳顺。七十从心所欲，不逾矩。"古人寿短，七十已稀，今人寿长，七十后方为老年）。夕阳无限好，只是近黄昏，值此时期，自会思虑（思考，思索，忧虑，顾虑）人生的真谛，终极的关怀，生命的真正永恒的问题。老年沉潜着深刻，如冬之深邃。此亦如同印度文化。故可曰印度文化是人类老年期的文化。

中、西、印三种文化的交融互补与时俱进，胎孕出新文化。新文化则是充满再生希望的春之文化，也如同人类的幼年期、生命个体的童年期。童年虽然天真未凿，浑噩蒙晦，但却是希望之所在，生长之开端。天候四季，周而复始，复归于春，而人生却不能周而复始，复归于幼。这是人生的大悲哀，也是无数哲人崇拜小儿的根因。老子曰："常德不离，复归于婴儿。""圣人皆孩之。""专气数柔，能婴儿乎？"易经曰："童蒙，吉。象曰：童蒙之吉，顺以巽也。"现代的丰子恺说得更明白："我的心为四事所占据了：天上的神明与星辰，人间的艺术与儿童。"

静坐书斋，独自冥想，记下晨间之所思。

（2004年1月14日）

第四辑・探寻挪威峡湾

探寻挪威峡湾

去北欧之前，只知道“峡谷”与“峡江”。峡谷是两山夹峙、两坡陡峭形成的高山深沟，如太行峡谷；如果峡谷中有江河流过，那就是“峡江”，如长江三峡，而“峡湾”还是第一次亲历。峡湾也是高山夹峙的深沟，但它不同于峡谷的峡江，峡湾实际上是海湾，但这海湾不仅是在海岸，更多的是在深入陆地的高山峡谷之间，是汪洋姿势的滔滔海水倒灌进高山峡谷而形成的内陆“峡海”，因而挪威的峡湾是北海之水倒灌进峡湾，而在我们外行人眼里以为是峡湾之水流入北海。所以峡湾之水大部分是海水，当然也有一部分是从山上流下来的雪山泉水。

峡湾是地理奇观，大自然的杰作。

全球峡湾主要分布在北欧挪威、南美洲智利与大洋洲新西兰，而以挪威最多最壮美，占全球峡湾的五分之四，因而地质专家称挪威为“峡湾国家”。

追踪哈当厄尔峡湾

清晨大巴开行，我们离开挪威首都奥斯陆，向峡湾挺进。雨后初晴，沿途多山，白桦林、松树林密布。半途在一个叫“熊镇”的山谷小镇停车休息，镇上有很大的超市，据说附近真有“熊出没”。一小时后又到一小镇，名盖罗，在路边停靠站的饭店午餐。进来欧洲与日本的旅游团，都是奔峡湾而去。挪威西海岸有著名的四大峡湾，誉为全球未受破坏的最佳旅游目的地。我们的行程安排有两个峡湾的寻踪，第一天全天都在大巴车上，目标是追踪哈当厄尔峡湾。

下午2点开车，大巴沿7号公路盘山而上，越往上，植被越少，气温越低，天色阴沉，风也越大，而山势却渐趋平缓开阔。沿途路边，隔上三五米，就会见到插有一人多高的木杆。

在挪威留学的小张考问大家脑筋急转弯，这些木杆是做啥用的？但无人答对。小张说，这是“雪杆”，冬季树立，用做标识，雪杆有多高，表明冬雪就有多深，立雪杆是为了方便铲雪机寻路铲雪。北欧四国一年只有冬、夏两季，而挪威因更靠近北极，气候尤冷。挪威南部为挪威土著（日耳曼人），北部多为相对原始的希米尔人（生活习性更接近冰岛），他们很少到南部来。北部的大学实行免费，因气候寒冷，学生一人学马上免费发给每人四条狗与一架爬犁，以便于出行。

挪威每年一般在5年份开始融雪，6、7、8三个月雪化，是最佳生产与旅游时段，到了9月底又开始下雪，这样全年有半年多为天低云暗、大雪冰封的漫漫冬季。只有到了北欧，你才会明白，为什么老外爱晒太阳（美其曰“日光浴”）？为什么易得“抑郁症”？为什么城市建筑的色彩喜欢五颜六色的亮色调？

大巴喘息着终于来到海拔1千多米的山顶，地势非常平坦，多杂草水洼乱石，如同新疆戈壁滩。山风很大，远处山上还有斑驳积雪，公路边有几间用青草围成外墙与堆成屋顶的“草屋”，里面有当地山民出售皮货与饮料，还有丑妇人玩偶，这是挪威人视为可以护身的“山妖”。

原来，我们今天翻越的是斯堪的纳维亚山脉南端的哈当厄尔高原，这也是欧洲面积最大的山地平原，北欧拥有驯鹿最多的地区。

大巴继续前行，渐渐下山，盘山公路越见陡峭，植被越来越多，又见杂木、松林。山岚四起，时而云遮雾障，时而云开日出。

忽然前方出现了一片汪汪碧水，水域越来越宽，终于势成大湖，四周青山环绕，大巴沿着陡峭公路，紧贴湖面追踪——

这就是挪威著名的哈当厄尔峡湾。幽深峡谷突然冒出一座雄险的斜拉铁桥，这是跨越峡湾的哈当厄尔大桥。跨过大桥，穿过一个极长的隧洞，时而望见峡湾碧水，时而行驶在盘旋起伏的山峦，时而又进入灯光闪烁的隧洞，

峡湾水域平静如镜，辽远而深邃。沿途清清雪水溪流，绿色草甸阡陌，以及点缀其中的彩色农家小屋，真个是世外桃源，遗世独立。这样经过二个半小时，这才与峡湾告辞，而这只是哈当厄尔峡湾的一小段而已，足见哈当厄尔峡湾之大。

大巴在峡谷平坝穿行，忽然传来雷鸣般的巨响，前方山崖飞踢下巨大的白色飞瀑。这是峡湾的又一奇观：雪山银练飞瀑。瀑分七级，从山顶层层踢落，声若奔雷，震耳欲聋，水雾四溅，寒气森森，壮哉美哉，叹为观止。

终于到了群山环抱的溪畔酒店，四周一片空旷，寂兮寥兮。进入大堂，眼睛发亮，这是一家设施齐全的星级高档酒店，据说酒店冬季生意最好，住满登山滑雪的游客，因而冬季房价也最贵。

晚餐端了上来，一边吃着西餐甜品，一边望着窗外的白云青山与远方的雪峰，真不知身在何处。

挪威是欧洲纬度最北的国家，全境三分之一的土地位于北极圈内，因而有"午夜太阳之地"的别称，夏季有两个月的时间

是极昼，是名副其实的“日不落王国”。夏季8月，北极圈里的极昼刚刚结束，峡湾每天4点天就大亮，晚上10点天才黑，酒店房间配备有厚厚的不透光窗帘，这才让我们这些不适应极地光照时间的访客得以安睡。

穿越松恩峡湾

挪威峡湾位于地势复杂的西海岸，从北部的瓦伦格峡湾到南部的奥斯陆峡湾，一个接一个的曲折峡湾和无数的冰河遗迹构成了壮美的峡湾风光，最著名的是四大峡湾：松恩峡湾、哈当厄尔峡湾、盖朗厄尔峡湾与吕瑟峡湾。

我们第一天其实只能称为追踪哈当厄尔峡湾，第二天才是与峡湾的零距离接触，这就是松恩峡湾。

松恩峡湾长204公里，最窄处仅250米，水深1308米，是全球最长最深的峡湾。现在开放旅游的是松恩大峡湾势成γ形的两大支流峡湾——纳柔依峡湾与艾于兰峡湾。

车在山谷穿行，时见溪流、飞瀑，半个多小时后来到古德伯克小镇的山间码头，在这里上游轮。船行二小时，沿着松恩大峡湾的两条“支流”，从纳柔依峡湾向艾于兰峡湾进发。

峡湾的特殊地理气候造成每天都有可能会下一两场雨，

我们时运好，遇到了少有的晴天。充足的雨水加上山顶冰雪融化的雪水、泉水，使峡湾瀑布众多，空气格外清净。游轮在水天一色平静如镜的海面上行驶，两岸云雾缭绕的高山不时从峭壁上踢落下飞瀑流泉，远处山峰的积雪在阳光下泛着白色的银光，红顶白墙的挪威农舍在峡谷间时隐时现，成群飞翔的海鸥“哇哇”地叫着，上下翻飞，欢快地追逐着游轮犁出的浪花……

坐在游轮窗边，悠悠地品着绿茶，欣赏着海光山色，偶或拿起单反抓拍一景，这是欧游数日来最放松的游程，不觉吟起诗来：每一次旅行都很珍贵/每一次相会都充满期待/愿岁月静好、美景凝固/香茗与良辰沉醉。

两小时后，船到艾于兰峡湾最内侧的弗洛姆小镇，离船上岸午餐。弗洛姆挪威语意为“险峻山中的小平原”，这座被群山环绕的水岸小镇是松恩峡湾的交通枢纽，熙熙攘攘地挤满各国游客，古老的火车站每天送往迎来，将挪威峡湾的传奇带往四面八方。

下午，登上山区观光小火车，再次领略挪威森林与峡湾的奇观。

这条1909年动工、1940年建成的富兰木铁路，全长虽仅20公里，但沿线地势极为复杂，山高涧深，弯多坡险，火车从海拔2米的弗洛姆到海拔866米的米尔达，嗨唷嗨唷地慢慢向上爬行，穿过长长短短20个隧道，最长的纳丽隧道长达1340米，最陡处的线路陡度为55度。从车窗向下看，忽见陡峭的山壁上有三层螺旋爬山路，深邃的谷底有木结构的教堂、农舍。

火车终于喘息着爬到米尔达（从这里铁路可通卑尔根），再原路返回，行程一小时。

富兰木铁路小火车颇似台湾阿里山的小火车，也是为观光而开行，也是在森林峡谷间穿行，也是外来的游客拉动当地经济。

沿线最精彩的是一处深谷中的“尤斯kjos大瀑布”，所有游客到此都会大声惊呼“哇--”，因而所有导游都戏称这里叫“哇站”。

一到“哇站”，小火车特意停下十分钟，让游客下去抓拍“哇照”。争先恐后的游客一下火车，就被劈头盖脸倾盆而下的瀑布打湿了衣服，巨大的雄奇的威严的惊天动地般的瀑布，仿佛从天而降，倒倾银河，夹带着雷鸣般的炸响，奔腾而下，从峡谷倾注而去……而铁路线就筑在瀑布的侧边。很多游客都赞叹，如此近距离见到如此惊险的飞瀑壮观，这一次北欧之行也就值了！

浸透峡湾蓝色的卑尔根

沿着峡湾，翻山越岭，我们进入挪威第二大城卑尔根。

卑尔根位于挪威西南，倚着七座美丽山峰与蓝色的海湾，与首都奥斯陆一样，也是环山面海的峡湾山水城市，北欧最美的城市之一。卑尔根还是挪威的商贸与航运中心，从十三世纪起，就有以“德国汉撒联盟”为主的大批欧洲商人，在这里垄断鳕鱼的晒干与海鲜贩卖，因而卑尔根的渔业与商贸十分发达。

我们来到卑尔根有名的海港码头鱼市场。鱼市场的顶上盖着橘红色的塑料遮雨板，里面是各式各样的鱼摊，还有一大片现买现做现吃的大排档，吆喝声、叫卖声、炒锅声，真个是人声鼎沸，鳕鱼三文鱼巨型蟹最多，还有叫不出名的挪威各种深海鱼贝。

卑尔根必到的景点是乘坐弗洛扬登山缆车，到弗洛扬山顶俯瞰市景。缆车在国内只有重庆与香港才有。五分钟后我们就到了海拔320多米的山顶。

站在观光平台，任山风与海风拂面吹来，一览众山小，近处是五彩斑斓的城区、海港，稍远是翠绿的森林、山峦，远处是碧波浩渺的大海，卑尔根犹如从天而降的一幅巨大油画，真正是美不胜收。

如果说卑尔根是一幅油画，那么最美的画色就在布吕根；如果说卑尔根是一首抒情诗，那么这首诗的诗眼也在布吕根。

布吕根是卑尔根港口码头边的一片古老木屋建筑群，距鱼市场不远。这些高高耸立在滨海大道边的建筑，大多是三层木屋，狭长的窗户，陡峭的人字屋顶，一派朴实无华的中世纪风格。但布吕根所有的木材外墙，都被聪明的调色师涂绘成大红大黄大紫等艳丽色彩，在阳光的照射下，映衬着蔚蓝的海水、停泊在港湾的白色的高桅船只，你除了惊叹还是惊叹：简直美翻了！

穿过布吕根木屋的彩色门洞，里面有窄长的通道，曲折的转角，上下的楼梯，幽静的庭院，所有这一切，都是用原木建造。据说从前这里曾是统治斯堪的纳维亚半岛的海产品交易中心，现在已被卑尔根市民改造成非常有个性的店铺，最多的是手工艺品店、特产店、画廊、咖啡馆、酒吧与餐厅，虽然游人络绎不绝，但安宁而温馨，有点类似上海的“新天地”。

来到布吕根，不买点什么总有点对不起这里的色彩，于是花了数拾欧元，买了几盒浸透着挪威峡湾蓝色的蓝霉素胶囊。

（2015年8月）

韩国的人文细节

在韩国的日子里，我经常会被一些细节所感动。细节是微小的、具体的，但它却联通着人心。

那天，我第一次给韩国国民大学的学生讲课。下课时如同在国内一样习惯地说了一句“今天就讲到这里，现在下课”。正准备离开讲台，不料下面几十个学生齐刷刷地说：“老师辛苦了，谢谢老师！”我以为是初来乍到，学生表示礼貌，没有在意，不料以后每次下课都是这样。这不是稚声稚气的小学生的声音，而是二十多岁青春蓬勃的大学生的声音，听着这声音，你怎能会不感动？

在校园，我时常会见到学生向老师弯腰问好，甚至有学生之间互相弯腰招呼的现象。有一次，我问一位男生，刚才那位女生怎么要向你弯腰？这位男生得意地说：“我是高年级的，是师哥，她比我低一级，是师妹，师妹当然要尊重师哥啰。”

在国内，我也爱穿西服打领带，单位还曾给每位教师定做过一套价格不菲的西服。但周围少有人穿，我也只好随大流，少穿了。但在韩国大学，教师必须穿西服、打领带，即使是夏天穿短袖衬衣，也一律打着领带。一个教师衣着端庄，仪表整洁，不但是为人师表者的仪容所必须，而且也是对学生的尊重。试想一下，面对着每次下课都要齐声说“谢谢老师”的学生时，你如果衣冠不整，松松垮垮，自己也会感觉不安的。

周末的一天，一位男生陪我去汉城东大门市场购物，中午时，我请他一起吃便饭。饭菜都已摆好了，我招呼他用餐，见他依然规规矩矩地坐着不动，我动筷子以后，他才动筷。以后我在学生写的《中韩饮食文化比较》的作业中，发现有不少学生都这样写道：在韩国吃饭，一定要先等长辈动筷，晚辈才能动筷。有一位学生对韩国人的“餐桌礼仪”写得比较详细（原文如此）：“每个国家都有各种各样的饮食文化的礼法，韩国也不例外。第一，先长辈人开始吃饭以后，下辈人才能吃饭，这个礼法基于‘长幼有序’思想。第二，吃饭时，不要说得太多。第三，不要把饭碗拿着吃，而是一定要安静地坐着吃。”另一位学生这样写道：“在韩国吃饭的时候，先老人吃，后年轻人吃，不这样做的话，父母一定骂他，非常生气。”

在韩国大大小小的餐馆，包括学校的教师餐厅、学生餐厅，一律使用金属筷子，金属筷子夹食容易滑动，所以特意在筷子下端制成锯齿形状。原来韩国禁止使用一次性木筷，认为一次性消费浪费太大，不利生态环保。韩国人饭后有饮水（不是喝茶）的习惯，所有餐厅的水杯也都一律是金属杯子，不提供一次性的纸杯。

汉城拥有近1200万人口，大约是韩国人口的1/4，汉城的公共交通主要依靠地下密如蛛网的十多条地铁线。地铁车厢比较宽大，每节车厢之间有门联通，乘客可以开启出入。车厢两边上方居然还设有行李架，当我第一次见到有乘客将自己的手提皮包放上行李架，然后坐着闭目打盹时，我真是万分惊讶：不怕被偷吗？当然不用担心被偷，否则也不会设行李架了。每节地铁车厢一端设有专供老人、孕妇、残疾人使用的座位。上下车的乘客自然也很拥挤，但我没有见到过年轻人抢挤座位的现象。

有一次，一位学生陪我去梧木桥出入境管理局办理外国人居住证，来回需转换好几条地铁线，但那位学生一直站在我周围，即使有空座位也不坐。我几次叫他坐下，他说还是站着好，倘若过一会来了比我年长的人，我还要站起来让座，反而不方便。

汉城的公交车，一律是无人售票。乘客从前门上，后门下。我注意到所有的车辆在乘客座位上方和车门两边，都设有

“呼叫按钮”，乘客如在前方到站下车，只需揿一下按钮，用不着大声向司机说“下车”。由于既没有售票员嚷嚷“买票买票，没买票的快买票”，也没有乘客嚷嚷“停车停车，我要下车”，因而汉城的公交大巴都显得比较安静，在这安静中，你会感受到一个城市的素质。

汉城是一座传统与现代妥帖结合的大都市，在市中心钢筋水泥的森林中，安静地保存着景福宫、昌德宫、昌庆宫、光化门等古迹，诉说着作为韩国“皇宫之城”的古都悠久历史。在游览这些古迹时，我发现所有的地面都是黄色的硬土，或者上面铺着细薄的沙子。以后我在成钧馆大学参观孔庙与儒教学院时，也发现地面都是黄土。

为什么要铺成黄土地面呢？一位曾经获得北师大中文系博士学位的成钧馆大学教师对我这样说：“历史要用细节来体现。你如果在参观古迹时，脚下踏着的居然是水泥路而不是黄土路，你还会有历史的感觉吗？”我默默地点着头。

踏在汉城古迹的黄土路上，我不禁想：岂止是历史需要用细节来验证，一个民族的人文不也需要用细节来培植和延续吗？

（2003年11月23日 于汉城）

马来西亚逛书展

作为读书人，我在国内逛过大大小小许多书展，但去国外逛书展却还没有经历过。常听出版社的朋友谈起他们逛意大利波洛尼亚书展的那份得意劲（参加书展后四出游览），着实让人羡慕。前不久，出国逛书展的好事竟也落到了我的头上：应马来西亚有关方面邀请，前往吉隆坡逛“第九届国际中文书展”。

海涵华宇，文系马来。飞机一到吉隆坡，我就被马来半岛浓浓的中国风所包围。南马文艺研究会会长、著名教育家、作家年红先生在陪同我访问的日子里，向我详细介绍了马来西亚的文脉系守。

马来西亚是多元种族、多元文化、多元宗教的国家，马来人、华人、印度人（华巫印）是全马2700万人口中的主体民族，华人占了全国人口四分之一以上，超过600万人。马来西亚通用英语，各民族又有自己的母语，同时也要学会其他民族的语言。因而马来西亚华人通常会说英语、华语（普通话）、潮州话、客家话、马来语，甚至印度语。

马来西亚的学生既要学习本民族的母语，也要学习其他民族的语言，难怪我在各地见到的华人孩子的书包都特别大，里面要装华文、英文、马来文三种文字的课本。经过数代马来西亚华人破石扎根、参前承后的艰苦奋斗，现在马来西亚已建成了除中国本土之外规模最大、历史最久的华文教育体系。

全马现有1289所华文小学、60所华文独立中学、3所华文高校（南方学院、新纪元学院、韩江国际学院）。80多万华校学生是马来西亚华文出版物的主要阅读者、传承者，因而一年一度的国际中文书展都选在每年11月全国学校开始放7周长假的时间进行。

“第九届国际中文书展”于11月16日至25日在距吉隆坡市区半小时车程的绿野仙踪国际会展中心举行。今年适逢马来西亚建国50周年，本届书展特以“以书爱国”为主题，以“贫者因书而富，富者因书而贵”为口号。11月17、18日，我连续两天参观了书展。展览大厅的外围正在举办“第三届东南亚普洱茶交易会”，书展与茶展、读书与品茗交融一体，给爱书人营造了浓浓的“四壁图书鉴古今，一壶清茶品书香”的氛围。

据主办方（绿野会展、《星洲日报》、马来西亚全国校长职工总会）介绍，国际中文书展从第一届只有8000平方米的展览面积，发展到今年超过20万平方米、700多个来自国内外商家参展，参观人数绝对可以超过去年的35万人。

穿行在摩肩接踵的人流中，我发现马来西亚彩虹出版公司展区、上海文艺出版总社展区、台湾展区、香港展区、商务印书馆（马来西亚）有限公司展区、中图（吉隆坡）上海书局展区以及天津出版外贸公司等展区，是本届书展的主要参展商，这些展区的品种最多，人气也最旺。

彩虹出版公司是马来西亚最大的华文出版机构，今年已上市，同时也出版英文、马来文图书。《哈利·波特》马来文版就是由彩虹出版的。彩虹公司董事经理沈钧积先生告诉我，彩虹以英、华、马三种文字的教材、教辅为出版重点，初中《科学》教材覆盖全国。彩虹教材还发行到泰国、印尼、文莱。

沈钧积先生祖籍广东，是一位典型的儒商。他将出版华文书籍视为贡献华族义不容辞的责任。我在彩虹展区见到云里风主编的十卷本马来西亚华人作家协会《马华文学大系（1965—1996）》、50卷本马华作家书系《德麟文丛》，以及《跨世纪女作家系列》《当代马华作家百人传》等，这些大型书系几乎将马来西亚华人作家的精粹之作一网打尽。

彩虹公司十分重视华文儿童文学，十年前曾约我担任总顾问并撰写总序言的30卷本《世界华文少儿文学系列》，至今仍然风行新马泰、印尼、文莱等国。彩虹公司为本届书展还赶印了年红先生的《幼儿儿歌》《幼儿童话》两套新书。少儿文学与助学读物是马来西亚华文出版业的重头戏。红蜻蜓出版公司的《十月》、董总出版社的《创意作文10课通》《升学梦工厂——一站式完全升学手册》《让自己Q一点——生活心理实战手册》，松柏文化公司的《南方的苗圃》，合力出版公司的《聪明世界》《小班长》等，都是本届书展重点推介的新书。

中国台湾展区的联经、远流、城邦、天下文化、野人文化等出版公司均有新书参展。中国台湾著名作家龙应台和儿子安德烈36封家书的通讯集《亲爱的安德烈》、德国法兰克·薛庄长篇幻想小说《群》、蒋勋的《破解梵谷》、候文咏的《灵魂拥抱》、官振萱的《创意亚洲现场——探索十大设计师创意力》、马修·李卡德的《快乐学——修炼幸福的24堂课》等，在台湾展区十分抢眼。

中国大陆参展的主要品种有《易中天品读汉代风云人物》（东方）、曹景行《香港十年》（上海辞书）、曾子墨《墨迹》（长江文艺）、《西藏旅游手册》（中国藏学）、《我们的地球》（广州）、《中国四大古典名著连环画》（上海人美）、《图解手脚按摩诊病大全》（陕西师大）、《乱七八糟的第一次世界大战》（中州古籍）等。与中国大陆书展喜欢拉名嘴扎场子聚人气一样，马来西亚的书展也邀请了不少名嘴、名人，书展的大幅广告上印着易中天、曹景行、曾子墨、梁文道、叶林亭、翁诗杰等的头像。

参观绿野仙踪书展，最让我难忘的还是在展厅举办的一场场直接服务孩子的与书有关的活动。毕竟孩子是中文图书的最大受益者、消费者，是中华文化在马来半岛文脉守系的传承者、维系者。

书展主办方大幅推介海报中明确表示："我们坚信提升阅读风气，养成阅读习惯，必须从小、从学生做起，因此我们增加了适合学生阅读的国内外书籍、创意儿童教材、电脑电子产品、精美文具、学生用品等等。我们还以学生为对象策划了丰富多彩的活动，如绿野全国学生象棋锦标赛、绿野全国扯铃观摩赛、华语讲故事比赛、亲子IQ创意大比拼等等。同时为了方便学生出行，此次书展还在周末备有免费巴士服务接送学生出行。"

11月18日适逢星期天，从吉隆坡去绿野的公路，上午就开始堵塞了。原定下午3点开始的"第九届全国华校童诗创作比赛、第二届全国少儿童话寓言创作比赛颁奖典礼暨年红《幼儿儿歌》《幼儿童话》新书推介礼"，因嘉宾堵车而不得不推迟。直到3点半嘉宾终于赶到书展。原来主办方等候的这位嘉宾是马来西亚华人领袖、华人公会总会长、房屋与地方政府部部长拿督斯里黄家定。黄家定上台致词说，实在因为路上堵车严重，他自己多次下车向交警说好话，这才好不容易赶到会场，但由此足见书展的盛况，今年参展的人数绝对可以超过去年的35万人，为此他感到非常兴奋。

黄家定贵为马来西亚华人领袖、国家第三号人物，但没有警车开道，他自己也有一本《勤政亲民》的新著在书展展出，却特意赶来参加一个儿童文学的大奖赛与新书推广活动。

当我与拿督斯里黄家定一起站在嘉宾席上，望着台下密集的华人学生和家长，望着热气腾腾的中文书展，我的内心充满了感动：大马半世纪，海天盛华风。正因为马来半岛这方土地上华裔才俊的破石扎根、文脉系守，才会有一届比一届更盛大的国际中文书展。中国人无论走到哪里，无论年长年少，都改变不了黄皮肤、黑头发、黑眼睛，改变不了血管中奔涌着的由甲骨文字传承下来的中华文化。

（2007年11月25日）

1993年的北京观察记

[前记] 1993年5月，其时我尚在位于重庆的西南师范大学任教，到北京开会，会后住在北京师范大学的招待所，逛书店、访名流，晃荡了多日。回重庆后，应《重庆晚报》“一周笔会”专栏之邀，撰写了这组文章。因从周一至周五连载五天，所以只写了这五篇《北京观察记》。

满城流行黄“面的”

北京是出新名词的地方。近年风行各地的“侃大山”“倒爷”“大腕”“说法”等，无不源自北京。时下京城又冒出一个新名词：面的。

何谓“面的”？

刚到北京，我被这名词弄得丈二金刚摸不着头脑。那天，陪我去保利大厦参加研讨会的中国少年儿童出版社编审谷斯涌，指着东四十条（地名）来来往往的黄色小面包车说：“这就是面的，北京人也叫小面。”

原来如此！

1993年，北京满城流行黄“面的”。这是一种类似重庆长安牌的微型汽车（有的就是长安车），车身一律刷成黄色，可坐三五人。在当今激烈的出租汽车竞争中，“面的”可谓独树一帜，大受乘客青睐：第一，起价低，10公里以内，只收10元人民币；第二，以公里计费，超过10公里。每1公里收费1元。

这是相当吸引乘客的。一般出租汽车不但起价高，以时计费，如遇堵车或吃红灯，计费器的指数不断上跳，有时短短数公里的行程，就会打出上百元车费。而“面的”就无这些忧虑。不论堵车多久，它只以公里计费。外地来京办事的人，本地需用出租车的人，招手叫一辆“面的”，10公里范围之内只付10元钱，这对一般工薪阶层来说都是能够承受的。

有一天傍晚，开明出版社的编辑突然打电话来，邀我去吃饭。我从东四十二条中国青年出版社，坐“面的”去海淀万泉河路芙蓉里，自东到西，横穿整个北京城。上车时，我有意看了时间。正是下班高峰时，一路“面的”停停开开，一小时后才到目的地。司机说：“正好20公里。给20元就行了。”

开明的编辑知道我是坐“面的”去的，就说：“你的车费由我们出版社报销，坐别的出租车也行。”我说：“还是坐‘面的’合算，为你们节约开支。”“你真行，刚到北京就把‘面的’的行情都摸到了。”“入境问俗嘛。我还想把北京的‘面的’介绍给重庆的读者，使他们来北京后也能节约开支。”说罢，大家一齐笑了起来。

吴宓研究“热”

重庆的文化人对吴宓应当是不会陌生的。这位大名鼎鼎的教授、诗人、中国比较文学奠基人，自1949年4月起，就一直在重庆任教。先是北碚的相辉文学院、勉仁文学院，后到四川教育学院、西南师范学院（今西南师大），直至1977年11月“文革”结束之后，才以病残之躯由其胞妹接回陕西老家。吴宓（1894—1978）一生有1/3的岁月是在重庆度过的。作为重庆的文化人，尤其是作为吴宓生前执教过的西师中文系的一名教师，自然关注学术界有关吴宓研究的近况。

我终于有机会再次拜访了北京的一些学术界前辈，尤为幸运的是见到了在全国人大工作的吴宓先生的女公子吴学昭。

吴宓在二三十年代长期担任清华大学教授，并出任清华国学研究院主任、外语系代主任等职。当今国内学术界、文化界的第一流名人，如钱钟书、季羡林、曹禺、吕叔湘、李赋宁、余冠英等，都是吴宓在清华时的弟子。现在他们大多住在北京，明年是吴宓先生诞生100周年纪念，北京的“吴宓研究”

自然也就格外“来劲”。

时下，北京的学术界、出版界正在悄然出现吴宓研究“热”，尤是在清华园。一大批有关吴宓研究的史料、专著已经或即将与读者见面。这些信息，想来重庆的读者是会感兴趣的。

经了解，吴宓生前亲撰的《吴宓年谱》及250万字的《吴宓日记》（解决前部分），将由三联书店出版。前书今年问世，后书明年付梓。三联派了最强的编辑任此两书的责编。吴宓的英文著作《文学与人生》大纲（原文尚未找到），年内将由清华大学出版社出版，列为“清华文丛”第五种。“清华文丛”第一种即吴学昭女士著的《吴宓与陈寅恪》，去年已出版。《文学与人生》已由吴宓的弟子（英文教授）译成中文，钱钟书先生题签，全书约200多页，这是研究员宓哲学思想的重要文献。清华大学徐葆耕教授撰写的《吴宓评传》前三章，将在年内创刊的清华学术年刊《汉声》杂志上登载，当有精彩之论。北京还将出版吴宓未刊诗稿，以及《白璧德与吴宓》《白璧德和他的中国弟子们》等探讨西方人文主义思潮与中国现代文化关系方面的专著。

自从1990年8月，陕西省政协联合清华、西师等十多家单位，在西安召开首届吴宓学术研讨会之后，“吴宓研究”已日渐成为国内学术界关注的一个课题。西安研讨会的论文集

《第一届吴宓学术讨论会论文选集》与纪念文集《回忆吴宓先生》，已由陕西人民教育出版社出版。陕西计划出版“吴宓研究丛书”系列。目前，国内的吴宓一生生活了1/3岁月的重庆，我想自然也会关心吴宓研究，重视吴宓研究的。吴宓先生如九泉有知，自可无憾矣。

碧空楼访舒芜

国内研究周作人的专家，北京有舒芜、钱理群，上海有倪墨炎，天津有张菊香，湖南有钟叔河。我因在20世纪80年代初出过一本《周作人与儿童文学》的小书。因而与舒芜、钟叔河先生等有一些交往。舒芜先生住在海淀区学院南路皂君庙的中国社科院宿舍。那天，我从北师大出发，蹬了半个小时自行车，才找到他的寓所。

舒老先生第一句就问：“我这里不好找，你怎么找到的？”我晃了晃了手上的北京交通图说：“按图索骥呗。”“哈，我成了老骥。”舒芜幽默地说。

舒芜自然可以称为“老骥”——学术界的老骥。“老骥伏枥，志在千里。”他曾主编过《中国近代文论选》，出版过《挂剑集》等专著，长期担任国内最高学术刊物《中国社会科学》的编审。近年他将兴趣转向周作人研究，出版了《周作人概观》《女性的发现：知堂妇女论类抄》等，他的另一本新著《周作人的是非功过》年内也由人民文学出版社出版。

我们的谈话自然以“周作人研究”为话题。舒芜说：他少年时在安徽桐城，家中有不少新文学书刊，但不知为何，独喜“二周”文章。在中国现代文坛，既是思想家又是文学家的，当推鲁迅（周树人）、周作人兄弟二人；而他对周作人的文章似乎更为偏爱。80年代初，周作人研究还是文坛的敏感课题，北京一家出版社打算出版周作人的散文，请舒芜写序。舒芜下笔不能自休，洋洋洒洒，一口气写了数万字。后来，那本书“因故”未能出版，而他的序文《周作人概观》却印了书。

随着学术研究的正常化，今天周作人早已不是什么“敏感”人物了，书店到处摆着《周作人散文》《周作人小品》之类的读物。但现在的周作人研究也遇到了“新问题”。舒芜先生告诉我，自从两年前开始公布《著作权法》以后，周作人的家属为保护版权与有关出版社进行了一些交涉，这是正当的，也是合理合法的。但有的书因家属不点头却难以出版，如鲁迅博物馆编录的《周作人日记》，浙江师大一位研究生编选的《儿童的发现：知堂儿童论类抄》，均因周作人的家属不同意出版而搁置。舒芜说，他见到过周作人的日记的原本，格式与鲁迅日记相仿，文字简约，内容丰富，有很大的文献史料价值与信息量，如能公开出版，这对现代文化、现代文学研究都是很有裨益的。

舒芜先生对我说：他于抗战爆发后的第二年（1938）到重庆，胜利后第二年（1946）离重庆，正好八年。他曾在江津白沙的女子师范学院、南温泉的中央政治学校等教过书，也在合川住过。自1946年离渝后，就再无机会进渝了。我告诉他：今天的重庆已是日新月异，渝中半岛上的抗战房已快拆迁得差不多了。他深情地说："要是有机会再去看看重庆，那该多好"。

不知不觉，已谈了两个多小时，我起身告辞，忽然看到墙上"碧空楼"的斋名，我问为何叫"碧空楼"？舒芜先生解释说："我以前住在地下室，长年不见天日，书斋叫'天问楼'。现在条件好了，住在高楼内，开窗碧空悠悠，满目生辉，因而命之曰'碧空楼'。"

关于"教授卖馅饼"

"北大教授卖馅饼"（有的写为卖烧饼），曾在报上传播一时。有人说这是观念更新，文人下海；也有人说这是斯文扫地，知识贬值。

在北京师范大学住了几天，我终于弄清了"教授卖馅饼"的来龙去脉。问起这事，中文系的张美妮副教授十分气愤：根本不是那么一回事，堂堂教授再穷也不会去卖馅饼！

原来，卖馅饼的是北京林业大学某系的一位总支书记，因其评的党政系列职称“相当于副教授”，于是记者就顺手写成了“副教授卖馅饼”，再一传，就成了“北大教授卖馅饼”。尽管时下体脑挂，老师工资偏低，但在北京，还没见过一位正儿八经的教授下海去卖馅饼油条的，甚至连讲师助教也没有这样做。如果说兼任第二职业也处下海的话，那早就有人下海了。张副教授不但自己在校外兼课，她带的5个研究生也在校外兼课。同时还编书，一年下来，挣个八百一千没有问题。但三问话不离本行，他们的第二职业都是第一职业（专业研究）的延续与应用。

在北京，当然也有教师离开讲坛，辞职下海的。但“弃教”的重要原因是因学术上奔头不大，职称无望。有一天，我在王府井新华书店，巧遇杭州大学中文系王元骧教授，问起杭大教师下海的情况。他说中文系只有两位助教下海弃教，原因是专业研究搞不出名堂。杭大绝大多数教师依然珍惜“大学教师”的职业与荣誉。

人心总是相通的。北京绝大多数大学教师，尤其是北大、清华、人大、北师大等名牌大学的教授副教授们，依然兢兢业业，忠于自己的职守，不为滚滚红尘所动。前不久，广东汕头大学以月薪1万元的待遇到这几所大学“挖”教授，结果只有北大数学系的一位教授应聘，而且讲好是兼职，而不是调走。北京的教授态度很明确，离开了良好的学术环境，学术研究搞不上去，要那么多钱又有何用。

与当前庸俗读物、印刷垃圾尘嚣甚上形成鲜明对比的是，北京的一些大学、研究机构创办了一批高档次的纯学术刊物。如三联书店与台港联合出版的《中国文化》，中华书局出版的《传统文化与现代化》，北京大学的《国学研究》，清华大学的《汉声》，北京中青年学者主办的《学人》等。这是一股文化的清流，它向世人宣告：学术不会沉沦，师道依然尊严。北京之行，使我坚定了从教从学的信心。我在心里一遍一遍告诫自己：生命的价值，要用在最有意义的燃烧。

海淀图书城

有这样一个说法：读书人不到琉璃厂，就等于没到过北京。琉璃厂是北京旧书业的集中地，传统文化的风水宝地。如今，北京又多出了一处读书人的好去处，这就是海淀的图书城。

海淀是北京的"硅谷"，这里有北大、清华、人民大学、中国科学院等中国第一流的大学、科研机构。图书城位于海淀大街西端，其主体建筑是一幢5层楼的图书大厦"籍海楼"，内有首都与外地50多家出版社开设的30余家书店。除“籍海楼”外，图书城内还有中国书店、新华书店、外文书店、世合书店等。在一条短街，集中了这么多的书店，真使我惊喜不已！

从上午10点，到下午4点，除去吃快餐盒饭的时间，我一直在书城盘桓穿行，其兴陶陶，其乐融融。

“籍海楼”低楼有清华、文献、广电、石化、审计、专利等书店；二楼有九章、友谊、文联、神州、学海（北大）、万里（人民大学）、震旦、中南、新世界、金融文化等书店；三楼有书苑、科苑、兵器、考试、旅游、今日、大风、未名、艺文、国际图书等书店。这里的图书绝大多数都为京版，其中大多是我未见过的，或只闻其名未识其真。外版图书甚少，渝版更是寥寥，我仅见到重庆出版社的《中国现代诗学》与《民间文学书目汇要》两种。半天下来，我买了一大沓新书，有《吴宓与陈寅恪》《励耘承学录》《中国文化新论》《评新儒家》《文学序说》等。

中国书店门市部以经营旧书为主，寻觅多年的《炎黄氏族文化考》以1.50元购得（原价7.65元，齐鲁书社85版），真是大喜过望。见有标价30元一套的30年代中华书局版《通志略》，另有周作人的《中国文学源流》初版本，踌躇再三，终因囊中羞涩而作罢。“文革”期间的一册清华红卫兵小报合订本，标价150元，这对研究“文革史”的人来说，无疑是珍贵资料。

图书城中最为别致的是被海外称作“大陆第一家台湾书店”的九章数学书店，它是台湾九章出版社开设的数学专营书店。副经理晁洪先生向我介绍说：九章出版社的老板孙文先，今年39岁，毕业于台湾师大数学系。他以经营文具印刷品挣来的钱养九章的数学书，立志建立一个数学王国，为中华民族的数学教学奉献心力。到目前为止，九章已出版了一百余种纯数学书籍与全书，还拿出130万元新台币，在大陆设立“九章数学奖学金”。孙文先公开宣称：“但愿它的设立成为今日社会中的一股清流，让企业家们也注意到社会的责任与文化传承，一切的利益应建立在中华民族全体人民的福祉之上，大家同心协力共建我中华。”

告别图书城，沿海淀——中关村——三环北路，蹬自行车回北师大招待所。阳光和煦，微风拂面，我感觉到身上的每个毛孔都充满着欢喜。我知道，这是因为书香的缘故。

（1993年6月14日）

重庆解放碑广场赋

重庆于古为渝州，中国第四直辖市。其地当长江、嘉陵二水之汇，西连蜀滇，北通豫陕，东接楚湘，南达黔桂，向为长江上游之中心.西南交通之枢纽。其城依山环水，烟浮三岸，峰列彩屏，高楼林矗，万千气象，壮美无比。世固谓天成之重庆兮，寰宇将何地以求之。

重庆形胜，以两江环绕之古城渝中区为最。佛图关扼其西，朝天门镇其东，面涂山，跨字水，街衢纵横，水陆四冲；而城中巍然屹立之解放碑，尤为全市人民所共仰。此诚为廿世纪重庆历史之见证，六百里巴渝地脉之结晶。

由今上溯至公元一九三七年，我中华遭受日寇侵略，卢沟事变，淞沪血战，南京屠城，粤汉沦陷，国民政府迁都重庆。烽火半壁.悲风万里。一九三九年五月三四日，日机狂炸重庆，惊魂报警，烈焰腾空，全城万人惨死，长江血染呜咽。我堂堂炎黄子孙，岂能屈于倭寇之淫威！为昭示陪都重庆和全民族抗战到底之决心，其时由国民精神总动员促进会、新生活运动会、慰劳总会等发起，特在都邮街十字路口之废墟兴建“精神堡垒”。外示抗战必胜之信念，内聚民族团结之精神。工程历时一年，于一九四一年十二月卅日告竣。

公元一九四五年八月，八年抗战终获全胜。驱逐倭寇，光复神州，长歌祭祀国殇，华夏湔雪耻愤。为纪念中国抗日战争之伟大胜利，彰扬重庆人民对圣战作出之卓越贡献，其时重庆市政府特于一九四六年十月决定，在“精神堡垒”之原址，修建“抗战胜利纪功碑”。翌年十月十日，由重庆市都市计划委员会督管设计，天府营造厂承建完工，此为抗战胜利后全国唯一之胜利纪念建筑物。是碑之建立，足以告慰抗战英灵，长我民族志气。

然世纪多难，战火再起。红岩英烈，慷慨就义。歌乐忠魂，烈火永生。一唱雄鸡，东方既白。刘邓大军，挥师西进。铁骑凯歌，旋转乾坤。公元一九四九年十一月三十日，重庆宣告解放，自兹揭开历史新纪。一九五〇年十月一日，西南军政委员会改“抗战胜利纪功碑”为“人民解放纪念碑”，军政委员会主席刘伯承元帅亲书碑名。解放碑庄严雄伟，屹立于蓝天白云之下，激励当代，昭示后人：息兵戎而兴建设，保和平而泽兆民，冀祖国之早日统一，促中华之巨龙腾飞。同胞争仰，国人共敬，重庆人民尤为引以自豪。一九九一年四月，四川省人民政府特将丰碑定为省级文物，倍加保护。

迨解放以迄今兹，重庆建设日新月异，改革开放，发展尤速。公元一九九七年三月十四日，第八届全国人大五次会议批准设立重庆直辖市，其地广八万平方公里，其口达三千万之众。重庆直辖市首届政府，夙兴夜寐，励精图治，务实苦干，富民为本。特于五月二十日决定，实施直辖市形象工程，辟建“解放碑中心购物广场”.并维修丰碑，作为是年为民办实事十件要务之一。全市人民奔走相告，积极参与。规既定而工兴，历半年而事成。

今观乎广场，大道如坪，华厦似林，熙来攘往，南腔北音。门盈喜气，到来尽八方宾客；店满春风，都道是百业鼎新。丽日中天，“重百楼”之商贸欣欣：华灯争辉，“大都会”之笙歌阵阵。南馔北肴，“颐之时”味尝天下：春服冬装，“新世纪”衣裁中西。创名牌争效益，果然商兴市兴；通三江达四海，不愧经济中心。世人曰：可比上海之南京路，北京之王府井。

伟哉解放碑！历经风雨，阅览春秋，名虽三变，而神则一：此非自强不息和合创新之中国文化精神在重庆之缩影乎？

兴矣大重庆！时际世纪之交，河清海晏。新世纪谱写宏图，我中华如日东升。三千万重庆人民负重自强，放眼量未来前程灿烂似锦。

广场既建，全市同庆。渝都客厅，作赋记盛。

（1997年10月26日）

金刀峡游记

重庆多峡：远有长江三峡、小三峡、小小三峡，近有合川、北碚间的嘉陵江小三峡。现在重庆旅游图上又多了一个新开发的峡：金刀峡。此峡原属江北县，前几年行政区划调整，划归北碚区，位于柳荫与三汇之间华蓥山西南麓，距离重庆市中心不足百公里。

华蓥山蜿蜒南来，到柳荫戛然而止，千尺山岩裂开一道极长极细的峡谷。那天，金刀峡旅游开发公司的中巴车送我们到皮家山。车停高处，峡在谷底，沿“千步云梯”下山，一入峡内，大家都惊呆了：这才是真正的金刀神工，叹为观止！

余观金刀峡，有三大特色。

一是峡险。两山夹水谓之峡，山高水恶自然生险。金刀峡重岩叠嶂，地脉险要，两壁悬岸对峙，如切如削，垂直高度超过百米。峡底水流湍急，声若擂鼓。穿越此峡，必须涉水攀岩冒着极大危险。为开发旅游，北碚区府特在急流之上、绝壁之间铺设了水泥柱桩、杂木桥面的人行栈道。此栈道工程之艰难可想而知，投资的一千多万元多用于此。人行峡间，只觉遮天蔽日，寒气逼人，虽在午间，也如同晨昏。抬头仰望，天空仅露一角、一线。栈道最窄处，只容一人通过，且须身材苗条。一边是危岩突兀，一边是百尺深谷，游人若掉入峡底，根本无法上来，只有随流水顺峡而去。

二是峡长。峡深不足奇，峨眉山的"一线天"也是因两壁深崖夹峙而成奇观。但那"一线天"仅长数百米，走不上十分钟，而金刀峡居然长达6.2公里，我们走了整整两小时。金刀峡随地势高下，分为上下两段。上段多洞穴，下段多碧潭，而居中一节因水面稍宽，不设栈道，改为水渡。游人至此，正可放松，饮水食果，稍事休息。船在峡谷溪流间穿行，人在清风鸟语中啸歌，另有一番情趣。

峡深峡长本已足可游观，但大自然的鬼斧神工尚嫌不足，又加了重重的一笔：峡奇。金刀峡之奇有二：一奇有飞泉瀑布，悬漱其间。时而如瓢泼大雨，劈头盖脸冲将下来，游人惊叫着从底下穿过，带来多少刺激；时而如舒缓乐章，叮叮咚咚，跌落而下，似珠似玉似雾似一帘幽梦，驻足凝视，浮想联翩。二奇有钟乳怪岩，错落其间。人在峡间行，不时可见崖壁洞顶突然冒出一处处钟乳石，如飞鹰如蹲熊如睡狮，使人啧啧称奇。大自然的闲章随笔，造就多少绝妙好辞。

余游山水，常是“一次性消费”，不愿再作二次游，而金刀峡则使余牵肠挂肚。此峡集雄、险、奇、幽于一身，汇泉、瀑、洞、峡为一体，实是可遇而不可求，故应作四季常游。春游寻乐，飞泉急流，苔湿路滑，奇险生趣；夏游避暑，空谷生凉，啸然物外，何等快意；秋游赏心，景随步移，幽韵撩人，随遇而安；冬游励志，林寒涧肃，冰河雪地，谁人敢到。

重庆人多福，有此金刀奇峡近在家门，正可一游而再游；不必像京津沪居民，须乘车转船，长途跋涉，去外地辛苦寻觅。

（1998年6月1日）

南阳一日游

小时候看三国演义连环画，有一册《战宛城》，印象深刻，但不知宛城现是何地。小时候猜谜语，有一首的谜面是：“南阳诸葛亮，坐在屋中央，挂起八阵图，专捉飞来将。”谜底是蜘蛛，从此牢牢记住了南阳。

昨到南阳，见到城里有不少“宛”字路名、店名，如豫宛饭店，原来宛城就是南阳，南阳简称“宛”。南阳出租车司机如数家珍般告诉我：南阳有“三宝”，烙画（烙铁绘画）、玉器（产独山玉）、出师表（武侯寺有岳飞亲书诸葛亮出师表之真迹碑刻）；南阳出“四圣”：智圣诸葛亮，医圣张仲景，科圣张衡，商圣范蠡。

南阳市区可游名胜古迹有卧龙岗武侯祠、医圣祠与南阳府衙。

昨天已结束讲座，今晚飞机去成都，因而在南阳有一日之自由，正可游武侯祠、医圣祠与府衙。讲座活动主办方已为我联系好了南阳当地的“神州专车”，司机小赵，全天车费300元，包括去机场。

晨8：50专车来酒店接，一刻钟即到郊外卧龙岗武侯祠。武侯祠的古建筑与现代景观都在卧龙山岗之上，门票60元，讲解费60元。

巍峨的“千古人龙”石牌坊，高矗于卧龙岗武侯祠台阶上，大门右侧有巨大石刻“卧龙卧”三字。导游说：天下纪念诸葛亮的武侯祠有多处，但以南阳为最：一是占地面积最大，二是碑刻最多，三是匾额楹联最多。在祠内买了一本《卧龙岗匾联》（中州古籍出版社2003年版，28元），以存联语。

卧龙岗南依白河，北障紫山，岗峦起伏，势如卧龙。从前卧龙岗四周田野阡陌，丛林流水，是隐居躬耕的好去处，如今山岗下已是车水马龙的街区。武侯祠依岭就势坐落山岗，现存廊庑一百五十五间。主体建筑分布在层层高上的中轴线上，依次为石牌坊、仙人桥、山门、大拜殿、茅庐、宁远楼，与两侧的碑廊、古柏亭、野云庵、老龙洞、半月台、躬耕亭等形成两进四合院落；另还有北路的三顾祠院，南路的卧龙道院。

按卧龙岗之布局，导游带余所观瞻之景点依次为：“千古人龙”石牌坊—大门—山门—大拜殿—诸葛草庐—宁远楼—祠宇碑廊—岳飞书《出师表》碑廊—半月台—躬耕亭—三顾祠—

关张殿—三顾堂—诸葛书院—卧龙碑林—汉文化园—卧龙潭（湖）。卧龙岗松柏森森，竹风飒飒，潭影幽幽，飞鸟啾啾，漫步高岗，能不触发思古之幽情。

中国历来有“名人故里争夺”现象，诸葛亮作为超级名人自然更不能免，诸葛亮故里除了南阳，最有名的还有湖北襄阳。多年前余曾游历过襄阳的三顾茅庐、诸葛躬耕、卧龙岗，在“隆中对”石坊前留影。

今见南阳诸葛亮故里，几乎与襄阳一模一样，但南阳认为此地才是正宗的诸葛躬耕卧龙之处。板上钉钉的证据有二：一是出于《出师表》，诸葛孔明自言：“臣本布衣，躬耕南阳”。诸葛亮生于山东诸城，17岁与弟避难来居南阳，至27岁出山，54岁去世。二是唐刘禹锡的《陋室铭》：“南阳诸葛庐，西蜀子云亭，孔子曰：‘何陋之有？’”一进卧龙岗大门，就见刻有岳飞所书《出师表》中的“臣本布衣，躬耕南阳”巨石，告示游客这里才是正宗的诸葛躬耕卧龙岗。

卧龙岗武侯祠，殿堂雄严，亭台壮观，主体古建筑是由大殿和拜殿两部分组成的大拜殿。大殿内丹楹画栋，遍施彩绘，供奉诸葛武侯坐像，子诸葛瞻、孙诸葛尚配祀左右。大拜殿匾联最多，有两联道及“名人里籍故居之争”：

一是清道光年间南阳知府顾嘉衡所书“心在朝廷，原无论先主后主；名高天下，何处辨襄阳南阳。”

二是出自清咸丰年间进士黄见三的联语“地无论宛襄，有诸葛庐自堪千古；统并存吴魏，读隆中对早定三分。”

此说明清代就有诸葛故居争夺现象。但两联作者认为诸葛亮的躬耕地不论在南阳还是襄阳，只要有纪念诸葛亮的草庐、祠庙，都是可以流传千古的胜景，都一样表达了人民对历史英杰的景仰之情。“诸葛大名垂宇宙，宗臣遗像肃清高。”凡是有功于民族的忠臣良相，早已在人民心中刻下了丰碑，所以无论南阳襄阳，都是一样有文化价值的历史名胜。

诸葛草庐是卧龙岗的中心地标，现在也是南阳市的市标，与南阳电视台的台徽。草庐自然不可能是卧龙当年原样，今所见为明代的八角亭，巍然立于翠竹之间，八角攒尖房顶，上覆茅草，木雕门棂，周匝回廊，梁枋彩绘，庄重而静穆。

武侯祠大拜殿左侧，有“岳飞书《出师表》碑廊”，面阔六间，碑廊内陈列岳飞手书诸葛亮前后《出师表》碑刻共二十一块，各长110厘米，宽58厘米。现已用玻璃罩封闭，不能随意拓片。据岳飞自书的碑跋称，宋绍兴八年（1138），岳飞率军遇雨夜宿南阳武侯祠，见诸葛武侯像碑，思眼前山河破碎，心潮涌动，挥泪写下《出师表》，以抒报国胸臆。其字为草书，铁画银钩，酣畅淋漓，苍劲峭拔，一气呵成，越写越

“草”，可见岳飞当时之豪情郁气，直需一书为快。据介绍，现此碑刻为清光绪二年（1876）南阳李发祥重新刻石。

10：20离卧龙岗，开车一刻钟即到市内民主街西段的“南阳府衙”，余叫小赵师傅开车回去，下午来酒店接。

南阳府衙凭身份证免门票，入内先买了一本《南阳府衙匾联赏析》，作者是南阳府衙博物馆副馆长刘绍明（中国楹联出版社2009年版，价22元），以作“导游”。

中国数千年帝国王朝，至今仍保留完好的王朝政府机构建筑，全国仅存五处：中央政府是北京故宫，省级政府是河北保定的直隶府衙门，地区级政府是河南南阳府衙，县级政府有二处，山西平遥县衙与南阳市内乡县的县衙。这些古代政府机构建筑，均在北方，南方无存，可见中国古代“以北统南”的政治格局。五处古建，河南占二，亦可见中原文物之盛。

据府衙内的展板等资料介绍：南阳府衙至今已有730余年历史，共历199任知府。元至正八年（1271），升申州为南阳府，初建府衙，元末兵燹废圮。明初重修、拓建。清顺康年间扩建，道光重修。民国时期为河南省第六行政专员公署，建国后为南阳地区专员公署。1965年行署搬出后，府衙房产先后归“行署——老三所——地区房产处”所有，经几次易主，最后演变成为市民居住的大杂院，共住200余户，上千余人，院内私搭乱建改造，终于面目全非。南阳市政府于2001年开始动议修复府衙，2004年成立“府衙周边拆迁指挥部”，悉数搬走衙内住户，2005年年末大致复建成功，并辟为“南阳府衙博物馆”，正式对外开放。现还有多处馆厅在维修之中。

古代的衙门府署，如果新中国成立后仍为政府机构办公驻地，则整体上保存完好，构架依存，如保定直隶总督府新中国成立后为保定地区公署，山西平遥县衙为平遥县政府驻地，否则多遭拆迁改变，甚至荡然无存。从前的深宅大院命运也是如此，余2011年游天津杨柳青镇的“石门”豪宅，因新中国成立后为河北省天津地区政府的办公驻地，因而保存完好。山西王家、乔家大院等，也曾为地方基层政府驻地，所以整体格局未变。

余今参观之南阳府衙旧建筑有：大门—仪门—第一进大堂，两侧为吏、户、礼、兵、刑、工科房—第二进二堂院（思补堂）—第三进内宅院—第四进三堂院（燕师堂）。此均位于府衙中轴线，两侧之宾兴馆、推官署及后花园等，还在维修恢复之中。

古代上任的官员，没有发表施政演说的做法与平台，大致从宋代起，陆续有官员在官署衙门撰题匾联，以表明自己为官施政的心迹愿景。帝国王朝官员大多是科举出身之“士大夫”，写得一手好字好文章，吟诗作对自是拿手好戏，因而官衙匾联既涵为官思想，有标榜、宣示、警戒的作用，又骈俪对仗，文采斐然，书法讲究，可视作古代“妙文”诵读，从中获益。

据介绍，今南阳府衙所悬挂的匾联，多为府衙旧匾旧联，也有少量移用于其他衙门，大多已被收录于《南阳府衙匾联赏析》一书，共计146则。“父母官”“召父杜母”“羊续悬鱼”等词语便源于南阳府衙。

府衙大门两联最为吸引眼球：“看阶前草绿苔青无非生意；听墙外鹃啼鹊噪恐有冤民。”“春雨无私，进衙先拜清风二字；青筠有节，出府再留正气一身。”很多楹联的主题都指向清廉勤政爱民务本，当官要为民作主，民心民意最可贵。同时也随时警示自己修身养性、吾日三省，特别是利害交关、矛盾纠集时更要控制自己的情绪，做到泰山崩于前而不变色。

府衙大堂屏风后，有一块清同治南阳知府任恺所书的自警石碑，非常有名：“当盛怒时忍耐须臾，俟心气和平省却无边烦恼；处极难事沉思片刻，待精神贯注自然有个权衡。”为官，即使是小民处事，如能有此修养，自然能省却无数烦恼，熄灭伤身烈火。由于府衙楹联警句有益于官员的德操修行，有很强的警示劝诫作用，因而2012年南阳府衙被河南省政府命名为“全省廉政文化教育基地”。

中午12：30出府衙，在街上一家小食店吃“肉夹馍”、甜酒蛋汤，1：50步行回梅溪宾馆。午休一小时，整理旅行箱。下午3：55，专车小赵来接，十分钟即到仲景路之医圣祠，门票（凭身份证）免。

医圣祠为纪念东汉南阳医圣张仲景（150—219）之胜地。张仲景（名机）怀抱“不为良相，则为良医”之志，曾官至长沙太守。著有《伤寒杂病论》等多种医著，惜均已散失。现存《伤寒论》与《金匮要略》由晋太医王叔和整理，宋代林亿等校正刊行。《伤寒论》开中医“辨证施治”之先河，被中医界视为金科玉律。古人有“医门之仲景，即儒门之孔子”之誉，因而仲景被尊为医圣，南阳医圣祠被视为“中医祖庭”。

医圣祠筑于岗坡之上，大门前有一对高大雄伟的子母汉阙，阙身下面镶嵌着一对朱雀，西南而立，展翅欲飞，上方匾额“医圣祠”三字为郭沫若书。据展板介绍：明嘉靖二十五年在仲景墓畔建医圣祠，1929年毁于军阀石友三兵祸，新中国成立后重建。

步入门庭，首先映入眼帘的是一块由完整石料制成的巨大照壁，长宽各为3.5米，正面刻有中医名师黄竹斋所书《医圣张仲景传》。两侧是任应秋教授所书对联：“阴阳有三，辨病还需辨证；医相无二，活国在于活人。”照壁背面刻写的是张仲景亲自拟定的《伤寒杂病论》序文。祠院内中轴线上景观建筑依次为：

仲景塑像花园。仲景青铜立像（2011年10月立）居于中，凝眉深思，忧国忧民之情溢于眉宇，令人肃然起敬。周边有汉白玉所塑古代十大名医立像：岐伯、华佗、扁鹊、医和、王叔和、皇甫谧、葛洪、孙思邈、成无已、李时珍。仲景花园内立有多方近些年的碑刻，多为国内中医学界所立的评赞铭文，论述中国医学之博大精深，仲景贡献之伟大，内涵丰富，而文字多用赋体，余用单反一一拍摄，可作“妙文”以存。

花园两侧有两座碑廊：东碑廊镶嵌着张仲景组画和历代大医家与名流对张的评赞；西碑廊刻有从黄帝至清末中医史上133位名医像，为国内最大的历代名医画像碑廊。

医圣祠是最重要的古建筑。进山门，前为拜殿，殿内陈列着《伤寒杂病论》的各种版本及国内外医界同仁捐赠的文献资料。后祠是医圣长眠的墓地，“万代医宗东汉长沙太守医圣张仲景先生之墓”（清顺治十二年立）。汉代风格的拜殿和墓亭前后攀连，结为一体。墓四角各有石刻羊头，代表吉祥如意，墓顶莲花台坐，象征墓主人高风亮节。

医圣祠两侧为展室，各三间。东展室：仁术馆，为大国中医策展览，展示有毛泽东、周恩来、邓小平、习近平等领导论中医的言论；广济馆空关着尚在布展；尚圣馆系南阳中医十大名师展览。西展室：智圆斋，为现代中医大师张赞臣展览，张赞臣（1904—1993），民国时在上海主编《医界春秋》，1929年反击民国政府的“废止中医案”，对保护中医贡献极大；行方斋，为仲景坐堂行医塑像展；弘圣斋，为当今南阳邓州中医院院长、国医大师唐祖宣展览，唐祖宣（1942年生）善治血栓病。

最后一进为清代的四合院建筑，有大殿，内塑张仲景、王叔和、孙思邈像。

医圣祠还有一处著名景观"百寿亭"，集历代书法家从书圣王羲之到郑板桥等的“寿”字石刻于一壁。晚清吴昌硕写的"寿"字又长又瘦，千金难买老来瘦，瘦身方能长寿，良有以也。

南阳医圣祠内多楹联匾额，余素喜联语骈文，特抄录数联以存：

◇匾额：心涵胞舆。联语：辨六经辨八纲心小胆大（此言仲景为医）；反权豪反名利智圆行方（此言仲景为官）。

◇法崇仲圣思常沛；医学长沙自有真。

◇上工济民下工问病皆关百姓生死；圣人明道常人敬法同

体天地经纶。

◇启法程立宗鉴直取天地真意；救民瘼济苍生正是大医本心。

◇六经既出无他论；三代以下唯斯人。

◇大医用医山河样手医人乃圣；宏论以论天地般智论病则神。

◇善德善心善行尤缘善医至善；名山名水名胜更应名人而名。

是的，张仲景有高尚的医德、美好的心灵和行为，更因高超的医术而泽被苍生；南阳有名山名水名胜，更因出了医圣张仲景，使南阳更加闻名天下。院内一块今人碑刻文字说得好："凡圣祠宗庙，皆有典祭，燃信香，怀远祖，万善虔文，纳于一炉，敬始而追远也。"

傍晚6：00出医圣祠，又去昨来过的小吃街"霄张花甲店"晚餐。今要了一份加大虾的花甲汤，在生煎店买了生煎包子，味美价廉而饱食。7：00回梅溪宾馆。晚8：30专车来接，经白河大桥（南阳有宽阔奔流的白河），9：00到南阳机场。10：30乘坐南航CZ6344航班，夜航西飞成都。

（2016年8月）

行走的驴友

行动吧，在行动的过程中就形成了自身，人是自己行动的结果，此外什么都不是。

——萨特

健康地活着，快乐地行走，衣食无忧，是谓之福。

快乐地行走，且能快活地按动快门，快意地书写行走中的风景与快感。世上行走之人多多，如此快意的人又有几何？

桂文亚是快乐的，桂文亚就是这样的人。而且，快人快事，快手快书，一趟行走回来，就能赶快将行走的快乐告诉世人。于是，这就有了《长着翅膀游英国》，有了《马丘比亚组曲》，有了《少年》，有了《美丽眼睛看世界》，有了《再来一碗青稞酒》，有了《哈玛！哈玛！伊斯坦堡！》……

是啊，“每天都应该是快活的，每天都应该是新鲜的一天”。

桂文亚说得真好！在行走中寻找快活，在快活中感受新鲜。一天天的日子累积成我们生命的全部，倘若这活着的每一天都有快活，都有新鲜，这生命该是何等的爽快，畅快，愉快，痛快，拍手称快！

遥远的地方总是美丽，未知的领域充满诱惑。行走是为了寻找，为了填充心中那一份满足。即使行走到了目的地大失所望，那也是一桩快事，毕竟我已亲历其境，到此一游。所以曹文轩的那篇小说《古堡》，总会使人感动：那登上山峰的孩子虽然什么古堡也没见着，但只有他们最清楚关于山峰与古堡的传说。

行走是生命的律动，精神的释放，标准的个人化行为。行走是对人生和世界的独特感悟，是随时随地可以打开的精神新质。行走让人发现美，发现爱，发现善，发现生命的伟大或渺小，发现生存的圆满或残缺，发现人生的大觉悟或大困惑。

行走是梦，行走是马，以梦为马，策马寻梦，去突破生存的大限制，撕裂现实的大压抑，扩张生命的大空间，觉醒人生的大觉悟。

老子骑着青牛行走，西渡流沙，不知所终。但他在行走途中留下的5000言《道德经》，却成了中国文化的精神元典："道生一一生二二生三三生万物，人法地地法天天法道道法自然。”——这是哲人的行走。

玄奘骑着白马行走，西天取经，风餐露宿，千辛万苦，为了心中那一片虔诚。虔诚化为信念，信念化为力量，力量结成正果。行走终于实现了中印文化的沟通，白马驮来的佛经直接开启了中古文化的新质。——这是智人的行走。

李白仗剑行走，大丈夫必有四方之志。南穷苍梧，东涉溟海，偶乘扁舟，一日千里，或遇胜境，终年不移。五岳为词锋，四海为胸臆，于是落笔为诗，疏宕有奇气，豪放飘逸，迥落天外，阅尽了盛唐诗国巅峰时期的无限风光。——这是诗人的行走。

徐志摩握笔行走，东渡纽约，西去剑桥，归来后又南北奔波于京沪之间，终年行色匆匆。最后在行走的空中，座机与飞鸟一起乘风而去。但他依然行走在人间四月天，用纯情歌唱和维护自己的“生、爱、自由”。北海的波光，西湖的滟影，依然鲜活地映照着徐志摩与陆小曼、林徽因。“轻轻的我走了，/正如我轻轻的来；/我轻轻的招手，/作别西天的云彩。”——这是恋人与丽人的行走。

而今，桂文亚带着一架相机和一双美丽的眼睛行走。“大道之行，士贵其身。”（苏东坡）行走是她的生命之思、之诗。思即意味、即格调、即深度，诗即审美、即理想、即精神飞扬。这是一位散文家的行走，这也是一位摄影家的行走。用散文家的心态经营摄影，于是摄影作品就有了散文之美。用摄影家的眼睛解读世界，于是散文作品中的世界就有了光和影的画面美、生命美、现场美。桂文亚的行走不止是对人生存的言说，而是对人心绪的具有“生命精神化”的价值追问。

请读一读她的那一篇印在“桂文亚旅行文学系列作品”扉页的《旅行者宣言》，那实在是一篇性情诗人的自言自语，也是一篇精神探寻者的孤旅独白：“与其说我喜爱旅行，探索新奇，不如说我在为自己的心灵打造一座永恒的城堡。/这城堡是我精神的原野，原野中的谷仓、花园、漫游场、阿里巴巴宝藏、艺术殿堂、神秘幽谷……任何一种说法，都没有什么不可以。/而我，就是那只把种子衔进这空中之城的青鸟，世界有多辽阔，愿我的心就跟着辽阔；世界的翅膀伸得有多长，愿我的翅膀也伸得够长。/用我全部的爱，全部的可能。”——这是一位散文人的行走，更是一位现代知识女性的行走，让人们见识了现代女性的风范、格调、无私、包容以及坚定的美丽襟怀。

行走，行走，行走……

从古走到今，从东走到西，从天涯走到海角，从地球走到月球……

双脚行走，策马行走，乘舟行走，驾车行走，坐机行走，美国巨富租用俄国飞船直向星际行走……

行走是快乐的。这是健康的确准，自由的馈赠，让生命时时感觉新鲜与活力，优雅地穿越人生境界的好时光。

但行走也是不快的，冷不丁使生命在不经意间感受失落。暮鼓晨钟，朝花夕拾，深山古刹，断垣残照，恍惚间耳际传来一个智者苍凉的声音："逝者如斯夫！不舍昼夜。"（孔子）车水马龙，川流不息，迎来送往，灯红酒绿。蓦然回首，却有一双醉眼在灯火阑珊处拔剑起舞，且歌且吟："夫天地者，万物之逆旅也；光阴者，百代之过客也，而浮生若梦，为欢几何？古人秉烛夜游，良有以也。"（李白）

蒹葭苍苍，天地茫茫，行走无涯，而人寿有涯。纵然一生都在行走，那也不过如同蠕行的甲虫，在天地之间实在只不过是行走了极小的一节，一线，一段。

行走是悖论？是无奈？是局限？是什么？

说吧，行走！

说吧，行走的旅人！

（2002年3月1日）

后记

我的笔耕范围有点庞杂，除了学术意义上的论文、专著以及文献，还会写写散文、随笔，偶尔也会写点旧体诗（自己看看）。我自己给学术研究定了四句话，作为努力目标与要求：问题意识，原创思维，中国话语，“有我”写作。所谓“有我”写作，就是钱穆所说的“读其书贵能知其人”，文中有作者。

受此影响，也形成了我的“散文观”：以真为本，美文书写，神形兼备，文笔干净。小说可以散文化，但散文绝不能小说化。真正的散文只能是“有我”的写作，即作品里站着作者，有作者的真感情、真思悟、真行动、真愿景。当然，散文不是“口述实录”“起居录”，散文的文笔自应追求美文书写。作品的风格可以各异，或恬淡，或清丽，或激越，或苍劲。但语言必应是干净的、优雅的、形象的、生动的，是可会于心可动于情的。

我对散文缺乏研究，但我对散文有自己的文学观。这本集子正是我的“散文观”的具体实践与结晶。如果说这本集子有什么意义的话，那就是这本集子鲜明地提出并实践了自己的“散文观”，在每一篇作品里，都有一个“我”的存在。

书此自勉，允作后记。

王泉根

2018.8.18于北师大

图书在版编目（CIP）数据

往昔皆为序曲 / 王泉根著．—北京：民主与建设出版社，2019.9

（名家散文自选集）

ISBN 978-7-5139-2636-2

Ⅰ．①往… Ⅱ．①王… Ⅲ．①散文集—中国—当代 Ⅳ．①I267

中国版本图书馆 CIP 数据核字（2019）第 191062 号

© 民主与建设出版社，2019

往昔皆为序曲

WANGXIJIEWEIXUQU

出 版 人	李声笑
总 策 划	李继勇
著　　者	王泉根
责任编辑	刘树民
封面设计	宋双成
出版发行	民主与建设出版社有限责任公司
电　　话	（010）59417747　59419778
社　　址	北京市海淀区西三环中路 10 号望海楼 E 座 7 层
邮　　编	100142
印　　刷	三河市冠宏印刷装订有限公司
版　　次	2019 年 10 月第 1 版
印　　次	2019 年 10 月第 1 次印刷
开　　本	787mm × 960mm　1/16
印　　张	20.5 印张
字　　数	260 千字
书　　号	ISBN 978-7-5139-2636-2
定　　价	39.80 元

注：如有印、装质量问题，请与出版社联系。